INCREDIBLE
VIAJE
de FE

RAY PRITCHARD

EDITORIAL
PATMOS

El increíble viaje de fe

Publicado por Editorial Patmos
P. O. Box 668767
Miami, FL USA 33166

Publicado originalmente en inglés con el título
The Incredible Journey of Faith, por Crossway Books,
1300 Crescent Street, Wheaton, IL 60187
© 2005 Ray Pritchard

Diagramación por Wagner de Almeida

Traducido per Sergio Ramos

ISBN 10: 1-58802-401-6
ISBN 13: 978-1-58802-401-5

Categoría: Vida cristiana

Impreso en Brasil

CONTENIDO

Con Gratitud

Estoy en deuda con muchos de mis amigos en Crossway Books quienes hacen que escribir sea un gusto y que publicar sea aun ministerio. Expreso mi gratitud especialmente a Lane Dennis, Marvin Padgett, Ted Griffin, Geoff Dennis, Randy Jahns, y Kathy Jacobs. Brian Ondracek tuvo la visión original para este libro. Estoy muy agradecido a los ancianos, el equipo de apoyo y la congregación Calvary Memorial Church quienes hicieron mucho alentándome para que continuara escribiendo. A mi esposa, Marlene, quien sonriendo me dijo que sabía que yo terminaría este libro.

INTRODUCCIÓN

Este verano mi esposa Marlene y yo nos pasamos un mes de viaje. Estuvimos en Michigan por una semana, después en New York, para luego regresar a Oak Park, Illinois, por unos días, y entonces salir una vez más para California. Antes de salir, le pedimos a Dios que nos hablara acerca de que Él quería que nosotros supiéramos. He aprendido que esa no es una oración que se pueda hacer livianamente. Si realmente quieres que Dios te hable, ajústate el cinturón porque Dios siempre habla a quienes estén dispuestos a oír. Mientras viajábamos de un lugar a otro, orábamos, mirábamos y escuchábamos, conversando juntos acerca de los que sentíamos que Dios nos estaba diciendo.

Escribimos páginas sobre lo que percibíamos que el Señor nos estaba dando. Mucho de ello no vino a través de cosas que "casualmente" oímos y conversaciones en las cuales pequeños trozos de verdad nos fueron revelados. En ocasiones llegó como percepciones que nos parecieron caer del cielo. Lo escribimos todo para que lo pudiéramos pensar después. Entre las tantas cosas que Dios nos mostró, se destacan dos en particular.

La primera es el principio de intencionalidad. Con esto quiero decir, vivir con propósito en la vida, en vez de simplemente divagar de un día tras otro. Es muy fácil pasar un día, estar bien ocupado, y al llegar el final decir, "¿Qué he hecho hoy?". *El activismo no es garante de que efectivamente hemos hecho algo importante.* El activismo, el pasar ocupado, tal vez sea una cobertura de la falta de propósito en la vida. En muchas ocasiones nos sentamos en las riberas del río mientras la corriente de la vida corre junto a nosotros. Cierto día despertamos y morimos. Dios nos habló a Marlene y a mí muy claramente acerca de vivir intencionalmente, con propósito —no simplemente llenando cada día de actividades, sino lo que realmente es significativo, para después ir y hacerlo.

No cada cosa importa igual. Algunas de las cosas en las que gastamos bastante tiempo no importan para nada. Pero suele ser sencillo permitir a tales cosas acumularse en nuestros días. Nosotros regresamos con la nueva resolución de invertir nuestras vidas en el Reino de una nueva manera. Aún estamos pensando y orando y trabajando en eso cada día. Pero la mera determinación de decir (con el apóstol Pablo), "Una cosa hago" (Filipenses 3:13) ha hecho una gran diferencia en nosotros.

Mientras continuamos nuestros viajes, Dios nos habló acerca de su voluntad. Usualmente pensamos acerca de la voluntad de Dios en términos geográficos: ¿Deberíamos vivir en San Diego, Jackson o Baltimore? Por otro lado la Biblia habla más seguido en términos de carácter y crecimiento espiritual. *El Señor nos destacó que quienes somos es más importante de lo que nosotros realizamos exteriormente.* Después de todo, si usted es el tipo de persona correcta interiormente, usted se inclinará más a realizar lo que Dios quiere exteriormente. El corazón le importa más a Dios que la geografía. Si somos el tipo de persona correcta, entonces ya no importa tanto dónde vivimos. Podemos ser gentes de Dios en San Diego, en Jackson o en Baltimore. Con esto no quiero decir que las decisiones geográficas no importen. Importa enormemente, pero no es el factor determinante de la vida.

La vida de fe es un viaje con Dios que comienza en el momento que confiamos en Cristo y continúa hasta el momento que morimos. El título de este libro sugiere que vivir por fe es un viaje *increíble*, y que es definitivamente verdadero. Más y más he llegado a ver que la vida se trata de aprender a rendir el control de las cosas que, en primer lugar, nunca realmente controlamos. Esa es una lección muy difícil de aprender, y la mayoría de nosotros necesitamos aprenderla una y otra vez, pero cuando lo hacemos, es que iniciamos la aventura. Mientras transitamos a través de los capítulos de este libro, descubriremos varios aspectos de este increíble viaje. Trazaremos el viaje de Abraham a la tierra prometida, y conoceremos un hombre de Nigeria en el camino. Después encontraremos un hombre joven en la encrucijada de la vida, y nos aventuraremos por los cenagosos caminos de Haití. Eventualmente viajaremos de regreso en el tiempo unos 2500 años para ver a los héroes hebreos que rechazaron postrarse ante una estatua, y viajaremos con Karen Watson mientras su fe le lleva a la región norteña de

Irak. El capítulo final nos llevará a la corte persa donde la bella joven Ester decide tomar un riesgo extremo debido a su fe.

Terminaremos con el desafío de poner nuestras manos en las manos del Dios Todopoderoso que no guía hacia un futuro incierto. Esta es la última oración del libro: *"Caminar con el Señor es el mayor de los gozos, y de hecho es más seguro que las sendas ya conocidas"*. De esto se trata el vivir por fe, y es realmente un viaje increíble. Si esto suena emocionante para usted, de vuelta la página y comencemos.

El Viaje Increíble

A veces se dice que la crisis nunca hace al hombre —sólo revela quien ya es. Ese pensamiento es tan confortante como atemorizante, puesto que nos preguntamos cómo reaccionaríamos si todo lo que mantenemos como preciado estuviera en riesgo.

Nuestra familia …

Nuestra salud…

Nuestra carrera …

Nuestro futuro …

Nuestra vida …

Nos preguntamos, ¿será que tendríamos la fe para lograrlo? ¿O quizá colapsaríamos? Acerca de las cosas que decimos creer —¿será que serían suficientes cuando la hora de la verdad arribe?

Hay un capítulo en la Biblia que nos cuenta acerca de hombres y mujeres cuya fe fue fuerte en el tiempo de crisis: Abel…, Enoc…, Noé…, Abraham…, Sara…, Jacob…, Moisés…, David… Diferentes personas, historias distintas, ampliamente separadas en tiempo y espacio. Historia en un lapso de miles de años. Historias que acompasan asesinatos, catástrofes naturales, traición familiar, debilidad física, sueños rotos, oportunidades perdidas, rivalidades entre hermanos y conquistas militares. Los hombres y mujeres que aquellas historias son narradas en este capítulo de diferente manera con la excepción de una: *Lo que ellos hicieron, lo hicieron por fe.*

Cuando la crisis llegó, no los hizo a ellos —sólo reveló lo que ya ellos eran.

El capítulo en referencia es Hebreos 11.

El Hombre de Nigeria

Hace veinte años atrás yo pastoree una iglesia en Garland, Texas, una zona residencial al noreste de Dallas. Debido a nuestra ubicación y nuestra conexión extraoficial con el Seminario Teológico de Dallas, un considerable grupo de estudiantes asistía a nuestra congregación. El estudiante más peculiar que yo jamás haya conocido llegó a nosotros sobre el final del verano. En aquel momento yo no conocía a él ni la historia de su vida. Había viajado desde Nigeria junto a su esposa y sus seis hijos para estudiar en el seminario, esperando algún día retornar a su tierra natal para servir como un líder de la New Salem Church. Cuando le conocí, Lekan Olatoye tenía cuarenta y cuatro años de edad.

Noté inmediatamente que era una persona muy amigable. Él, su esposa y sus seis hijos encajaron a la perfección. Durante aquel tiempo nos ayudó con nuestra iglesia. Cuando supimos que tenía habilidad para reparar cosas eléctricas, le colocamos a reparar diversos aparatos que teníamos averiados en el edificio que alquilábamos. Después él e Irene le enseñaron la clase de escuela dominical a los párvulos. Él se inscribió para el entrenamiento de Evangelismo Explosivo. Muchos martes por la noche visitaba a los nuevos vecinos en Garland, invitándoles para que asistieran a la iglesia y (en toda ocasión que tenía la oportunidad) compartía el evangelio. Puedo recordar la noche en que Lekan compartió su testimonio durante una visita. Contó que él había conocido a Cristo saliendo de un entorno animista; fue una experiencia de conversión tan radical que transformó la dirección de su vida. Los detalles precisos se me escapan, pero la imagen del gozo inscripto en su rostro ha permanecido en mente a través de los años. Durante la temporada navideña de aquel mismo año, cuando Marlene y yo tuvimos una reunión en nuestra casa, vinieron los amigos de nuestra familia. Todavía puedo ver a ocho de ellos sentados en ronda en nuestro living.

Unos meses después tuvimos un retiro para hombres en Pine Cove, en el área este de Texas. Aquel viernes por la noche Lekan se unió a las competencias de entretenimiento. La siguiente mañana, tuvimos un torneo deportivo, y él se unió inmediatamente. Durante la mañana de estudio bíblico tomo notas y por la tarde, alrededor de las 2:15 PM., pasé por él mientras iba a la piscina, con una toalla sobre sus hombros. Nadó y entonces se integró en un juego de voleibol.

NINGÚN MILAGRO AQUEL DÍA

De repente bateó hacia delante y se desplomó en el suelo, sus lentes volaron de su cara. Los otros hombres pensaron que el se había desmayado debido a falta de aire, pero cuando no le encontraron el pulso, fue claro que algo terrible había sucedido. Un grito de auxilio se dejó oír, un paramédico que estaba con nosotros le atendió. Los varones se reunieron en grupos para orar. Al rato vino una ambulancia y se lo llevó.

Aquel día no hubo ningún milagro. En verdad, ya estaba muerto antes de caer al suelo. Fue un derrame cerebral o tal vez un ataque cardíaco masivo.

Juntamos nuestras cosas y regresamos a Dallas. Yo había encarado tareas bastante difíciles como pastor, pero la cosa más dura que jamás haya hecho, fue decirle a aquella dulce esposa que ya no tenía esposo y decirle a aquellos niños que ya no tenían padre.

Reflexioné aquel día —y muchos otros días desde entonces— qué significaba todo aquello. Un hombre en la flor de la vida deja su país natal, su casa, su trabajo y realiza un viaje de ultramar para ir a estudiar la palabra de Dios. Pretende regresar a su propio pueblo algún día. Su único propósito es cumplir el propósito de Dios en su propia vida. No tiene otros motivos. Al costo de un enorme sacrificio, deja una carrera lucrativa y lleva a su familia a la mitad del otro lado del mundo.

Entonces, es cortado a la edad de cuarenta y cuatro años, antes de que pudiera haber iniciado.

¿Qué significa todo esto? ¿Por qué Dios permitiría que tal cosa sucediera a un hombre dedicado a realizar su voluntad? En un sentido más amplio aún, ¿qué nos enseña a nosotros dicha tragedia acerca de descubrir y realizar la voluntad de Dios?

Para lograr comprender la respuesta a esta pregunta, quisiera enfocar nuestra atención en Hebreos 11. No en todo el capítulo sino en una persona, Abraham. Tampoco toda su historia, sino el registro de su increíble viaje hacia la tierra prometida. La versión larga de la vida de Abraham nos es dada en Génesis; Hebreos contiene el sumario breve. Hebreos 11:8-10 nos habla de un hombre que obedeció el llamado de Dios a un altísimo costo personal. No cuenta lo que hizo, y aún más importante, no cuenta porqué lo hizo.

Un Lugar Llamado Ur

Comencemos con unos datos breves sobre Abraham. Cuando nos encontramos con él en la Biblia, él esta viviendo a unos cuatro mil años atrás en un lugar remoto llamado Ur de los caldeos —a orillas del río Éufrates, no muy distante de la desembocadura del Golfo Pérsico. Sin lugar a dudas, él y su esposa Sara, adoraban al dios-luna Sin. Él es un hombre de edad media, próspero, exitoso acorde a las medidas humanas. La vida les ha sido buena a Abraham y Sara. Definitivamente ellos no tienen ninguna razón para quejarse.

Es precisamente en este tiempo cuando Dios le habla —clara, definitiva e indudablemente. Lo que Dios le dice cambia su vida— y a la postre, el curso de la historia mundial.

Verdad # 1
Vivir por fe significa aceptar el llamado de Dios sin saber a dónde nos llevará

"Por la fe Abraham, cuando fue llamado para ir a un lugar que más tarde recibiría como herencia, obedeció y salió sin saber a dónde iba" (He. 11:8). Hay sólo una manera de describir a Ur de los caldeos. Fue una ciudad de categoría mundial. Los arqueólogos nos dicen que en los días de Abraham tal vez vivieran allí unas 250.000 personas. Era un centro para las matemáticas, la astronomía, el comercio y la filosofía. Personas de otras áreas se mudaban a Ur deseando ser parte de la gran ciudad.

Sin ninguna duda muchos amigos de Abraham pensaron que estaba loco. ¿Por qué querría alguien irse de Ur? Obedecer el llamado de Dios significó dejar atrás sus amigos, su carrera, sus tradiciones, su casa, sus posesiones, su influencia y su país. Más que eso, significó arriesgar su salud y futuro debido a una vaga promesa de un Dios invisible que le dijo que lo guiaría a "la tierra que yo te mostraré" (Gn. 12:1).

Cuando Abraham dejó Ur, quemó los puentes detrás de él. Para él no habría un punto de retorno. Una vez que dejó las murallas de Ur, estaba por cuenta propia, siguiendo al Dios que le llamó hacia lo desconocido.

Usted se preguntará, ¿Él renunció a todo eso?

Sí.

Qué raro, ¿verdad?

¿Acaso no es extraño?

Por favor, no pierda de vista el punto. *Cuando Dios llama, no hay garantías acerca del mañana (en ningún lugar de esta tierra).* Abraham en verdad no sabía hacia dónde estaba yendo, no sabía como llegar allá, no sabía cuanto tiempo le tomaría, y ni siquiera sabía con certeza de qué manera determinar que había llegado cuando hubiera llegado. Todo lo que sabía era que Dios le había llamado. Punto y aparte. Todo lo demás esta en el aire.

¿Quiere usted vivir muchos años? Yo también.

¿Quiere progresar en su profesión? Yo también.

¿Quiere muchos amigos? Yo también.

¿Quiere alcanzar la ancianidad rodeada de sus familiares? Yo también.

No hay nada de malo con esos deseos. Todos nosotros lo queremos de esa manera. Pero vivir por fe implica ninguna garantía y ninguna certeza respecto al futuro.

Si usted en verdad desea hacer la voluntad de Dios, en ocasiones se encontrará exactamente donde estuvo Abraham —involucrado en un nuevo viaje que no tiene sentido alguno según la perspectiva del mundo. Me siento impelido a mencionar acá la imposibilidad de estar un cien por cien seguro de avanzar. ¿Piensa usted que Abraham esta cien por cien seguro? De ninguna manera. La única certeza que él tenía era que Dios le había llamado y que él debía obedecerle. El resto esta velado por el misterio. Este hecho hace que su obediencia sea más impresionante aún.

Hebreos 11:8 dice que "obedeció" y que "salió". No hubo ningún milagro mayor que este en su vida. Todo lo demás que sucedió fluye de esta decisión básica. *Dios le llamó, él obedeció.* Esta verdad fue el secreto de su vida. Él caminó en fe a pesar que no tenía ninguna garantía respecto a su futuro.

Ve a un hombre a las 2:15 pm y se encuentra bien. Para las 3 pm murió. ¿Qué significa esto? ¿Fue débil su fe? No. ¿Había pecado? No. ¿Quebró Dios su promesa? No. ¿Dios se equivocó? No. ¿Planeó mi amigo morir? Absolutamente no.

Permítame ponerlo de otra manera: *Vivir por fe significa caminar para Dios dejándole a Él los resultados.* Para nada es una garantía de larga vida y buen éxito. Quizá tenga esas bendiciones, o quizá no las tenga.

Vivir por fe significa, "Yo voy a ser el hombre o la mujer que Dios quiere que sea, sin importar a dónde él me guíe. Yo no sé el futuro, pero confío en que Él trabajará en los detalles. En el tiempo intermedio, camino por fe y le sigo a donde Él me dirige."

Esto nos lleva a una segunda gran verdad acerca de la vida de fe.

Verdad # 2
Vivir por fe significa confiar que Dios cumplirá sus promesas

"Por la fe se radicó como extranjero en la tierra prometida, y habitó en tiendas de campaña con Isaac y Jacob, herederos también de la misma promesa" (He. 11:9). Dentro de todos nosotros palpita el deseo de establecernos. Varios años atrás mi esposa y yo estábamos en el proceso de vender una casa para comprar otra. Pese a que nos estábamos mudando tal solo unos cuantos kilómetros de distancia, la experiencia resultó traumática y perjudicial. Cuanto más viejo me pongo, menos ganas tengo de mudarme. Valoro volver a la misma casa y ver caras conocidas día tras día. Nuestra casa estaba llena de cajas que serían transportadas para nuestra otra casa. Para mí, fue contraproducente ver las parece vacías que tan sólo unos días atrás estaban llenas de fotos familiares. De pronto aquella casa se vio menos como una casa y más como un edificio en el cual viviéramos en un pasado distante. Por aquel tiempo cuando conducía hacia nuestra nueva casa aún no la registraba como "nuestra casa". La experiencia completa me dejó con un vago sentido de incomodidad, de sentirme "a la intemperie", por decirlo de alguna manera.

Multiplique aquel sentimiento por 100 y extiéndalo durante un período de cincuenta años y se aproximará a la situación que Abraham tuvo en la tierra prometida. Nuestro texto nos dice que él "habitó en tiendas de campaña". Conozco a muchas personas que les gusta acampar durante sus vacaciones, pero no conozco a nadie que viva en una carpa como su residencia permanente. Las tiendas de campaña nos hablan de variabilidad, de la posibilidad de mudarse en cualquier momento, de vivir en una tierra que no se posee personalmente.

Ese es Abraham. El no poseyó nada en la tierra prometida. Dios le prometió dar la tierra prometida; no obstante, "se radicó como extranjero en la tierra prometida" (v. 9). Si usted no posee la tierra, no puede edificar una morada permanente.

Desde varias perspectivas esto fue aún más remarcable que el hecho de haber dejado Ur, en primera instancia. Mientras viajaban a través del desierto, podría soñar acerca del futuro. Pero cuando arribó a Canaán, todas las ilusiones de esfumaron. Piense en lo que él no halló:

- Ninguna señal de "Bienvenido, Abraham".
- Ningún cupón de descuento de los comerciantes.
- Ninguna fiestita amigable.
- Ninguna visita del comité de bienvenida.
- Ningún alcalde le entregó la llave de la ciudad.
- Ningún desfile

Nadie le esperaba. Nadie le dio importancia a su arribo. Nadie le dio nada en absoluto.

Dios le prometió la tierra… pero él tuvo que luchar una existencia en tiendas de campaña. Tendrían que pasar cientos de años antes de que la promesa encontrara cumplimiento pleno. Abraham nunca la vio cumplirse. Tampoco Isaac o Jacob.

¿Estaba Abraham en la voluntad de Dios? Sí. ¿Hizo lo correcto al dejar Ur? Sí. ¿Estaba él haciendo lo que Dios quería que hiciera? Sí. ¿Entonces, por qué tenía que vivir en tiendas? Debido a que el tiempo de Dios no es el nuestro. Dios no tiene ningún apuro como nosotros. Dios trabaja a través de las generaciones para lograr sus propósitos; nosotros nos preocupamos acerca de que vestido o camisa comprar para una u otra fiesta. Hay una diferencia enorme entre estas dos perspectivas.

Un tercer principio trabajando en la vida de Abraham es la clave determinante para la vida de fe.

Verdad # 3
Vivir por fe significa jamás quitar la vista del cielo

"Porque esperaba la ciudad de cimientos sólidos, de la cual Dios es arquitecto y constructor" (He. 11:10). Abraham esperaba una ciudad con cimientos —o sea, una "ciudad", no un hueco vacío en el desierto. Él quería vivir en un lugar lleno de otras personas. Él también esperaba una cuidad "con cimientos", un lugar seguro y permanente que no podría hallarse en una tienda. Lo que significa que él buscaba una ciudad diseñada y construida por Dios. ¿Por qué? Porque todas las ciudades terrenales eventualmente culminaban en polvo.

He visitado las ruinas de antiquísima ciudad de Jericó. Cuando la mayoría de las personas piensan en Jericó, piensan en la ciudad cuyos muros se derrumbaron en los días de Josué. Pero esa fue sólo una Jericó. Los arqueólogos han descubierto diversas capas de Jericó, una sobre la otra, la ciudad ha sido reedificada, destruida y reedificada a través de los siglos. Lo mismo es cierto respecto de Jerusalén. Cuando usted visita la antigua Jerusalén, usted no camina exactamente donde pisó Jesús. Usted, indudablemente, camina de nueve a veintitrés metros *encima* de donde Jesús caminó. Según algunos entendidos, Jerusalén ha sido destruida y reedificada unas cuarenta y siete veces durante los últimos 3.500 años.

Así es como son las cosas con las ciudades terrenales. Nada construido por las manos humanas permanece para siempre. Sin lugar a dudas Abraham buscaba una cuidad construida y diseñada por Dios. Apocalipsis capítulo 21 describe aquella ciudad como "… la nueva Jerusalén, que bajaba del cielo, procedente de Dios" (v. 2). En esta visión Juan vio una belleza que quita el aliento, radiante de la gloria de Dios. "Resplandecía con la gloria de Dios, y su brillo era como el de una piedra preciosa, semejante a una piedra de jaspe transparente" (v. 11). Los cristianos siempre han mirado a la Nueva Jerusalén como el último adobe para el pueblo de Dios, el lugar donde pasarán la eternidad juntos en la presencia del Señor. Pero note lo siguiente: El cielo es una *ciudad*. Es un lugar real repleto de otras personas. Esa era la ciudad que Abraham buscaba cuando dejo atrás Ur de los caldeos.

Abraham se dirigía al cielo, y lo sabía. *Este mismo hecho —y únicamente esta razón— explica su vida.*

Él tenía su corazón afincado en el cielo, y eso explica porqué él pudo:

- Salir de la bonita ciudad de Ur.
- Retirarse de su carrera.
- Dejar atrás sus amistades.
- Vivir en tiendas hasta el final de su vida.
- Comenzar de nuevo en un nuevo territorio.

Morir sin ver lo que Dios le había prometido.

Abraham supo que él iba hacia el cielo, y eso cambió toda su perspectiva de vida. Él no sólo supo que iba a morir, sino que luego de su muerte entraría a la ciudad que Dios había diseñado y hecho.

¿ESTÁ LOCO?

Así que aquí está un hombre en sus tempranos cuarenta años. Él tiene un buen trabajo y un gran futuro. Está en la vía rápida hacia la cima de su especialidad. En una nación donde muchos viven en pobreza, él tiene una linda casa, una esposa amorosa, y seis maravillosos hijos. Esta en una situación magnífica.

Cierto día Dios le dice, "Quiero que vayas a los Estado Unidos de América y que aprendas a predicar mi palabra. "Señor, ¿serás tu quien me llevará allá?" "Sí, yo te llevaré allá".

Cuando se lo cuenta a su esposa, ella dice: "Lo que tu digas mi amor". Venden todo lo que tienen y viajan a los Estado Unidos, pese a que sus coterráneos le ruegan que se quede. Ellos únicamente sacuden sus cabezas cuando él menciona que está siguiendo el llamado de Dios.

¿Qué le parece a usted? ¿Será que ha enloquecido? ¿ Acaso está desquiciado? No, él esta muy seguro de lo que hace.

Él viene porque sabe que algún día irá al cielo… por lo tanto no es tan importante dónde vive en el período intermedio.

Él no planea morir a los cuarenta y cuatro años. Nadie lo hace. Pero hasta eso esta bien debido a que él sabe que irá al cielo cuando muera.

¿Hacemos lo Correcto?

La noche que Lekan murió, fui a su casa para dar la mala noticia. Su familia y yo hablamos por largo rato, y su esposa, Irene, me contó esta historia: "Cuando él decidió venir a los Estado Unidos, él le dijo a su jefe lo que iba a hacer. Ellos no querían que él viniera, así que vinieron para hablar conmigo y me dijeron 'Dígale que se quede. Dígale que si permanece aquí le ascenderemos a gerente general."

Ellos de todos modos vinieron.

Aquella noche, viendo en retrospectiva, ella dijo, "¿Acaso hicimos lo correcto? Vinimos aquí y él murió. Ahora que estamos en los Estado Unidos, y él está muerto. ¿Será que hicimos lo correcto?"

Su segunda hija, que estaba en segundo año del secundario, respondió: "Sí".

"Sí. Es mejor morir como estudiante del Seminario que como gerente general en Nigeria." Dijo Irene.

De eso, pienso yo, se trata el vivir por fe. Conste en una decisión de vivir de una manera diferente. Es una elección consciente de vivir para la eternidad y no para la vida presente. Por favor entienda: Esto *no* es una vaga resignación al martirio o el sufrimiento. Es la elección personal de seguir a Dios a cualquier lugar que Él nos guíe.

Tras la muerte de Lekan, descubrimos abundantes cosas sobre él que no supimos. Cuando se convirtió del Islam, dedicó su vida al servicio de Jesucristo. Por los siguientes diez años antes de viajar a los Estados Unidos, solicitó ser transferido a varias estaciones a través de Nigeria con el propósito de plantar nuevas iglesias en cualquier lugar que él fuera a trabajar.

Cuando él vino, era una suerte de esperanza para la iglesia. Él representaba el futuro para la New Salem Church de Nigeria. Él sería el ancla para un seminario que prepararía hombres y mujeres que predicaran la palabra de Dios.

La Muerte de Mil Sueños

Ahora él estaba muerto a la edad de cuarenta y cuatro años, dejando atrás una esposa con seis hijos. Cuando Lekan murió, mil sueños murieron con él. Él fue el primer estudiante internacional que jamás hubiera muerto el seminario de Dallas. No había nadie de Nigeria para tomar su lugar. ¿Qué harán los nigerianos? ¿Cómo se mantendrá a la iglesia en marcha? Parecía como si Satanás hubiera ganado la batalla.

Dos meses después, los nigerianos enviaron a dos hombres a visitarnos en Texas —el pastor Julian y el doctor Jones Fatunwase, superintendente de la New Salem Church. Dieron media vuelta al mundo con el único propósito de agradecernos por lo que habíamos hecho.

El fin de semana, antes que les llevara al aeropuerto, dije "díganme algo, ¿es la iglesia de Nigeria más fuerte o más débil ahora que Lekan ha muerto? Ustedes le enviaron aquí y él murió en el medio de sus estudios. ¿Cómo se encuentra la Iglesia?" La respuesta vino rápida. "¿No entiende usted? La iglesia es mucho más fuerte ahora." "¿De qué manera? Pregunté. "Cuando tuvimos el funeral, vinieron 10.000 personas desde todos los puntos de Nigeria." Respondió el doctor Fatunwase. Uno de las personas que asistieron fue Dele, el hermano mayor de Lekan. Él no era cristiano. Lekan había orado por él durante diez años. Durante el funeral, usando las palabras exactas de mis nuevos amigos, Dele Olatoye, "decidió por Jesucristo."

En adición, dijo el doctor Fatunwase, "habían muchas personas en las iglesias que estaban cayendo en la complacencia." Pensaban que no era tan importante vivir para el Señor. Pero cuando escucharon cómo Lekan había muerto —usando una vez más sus palabras exactas— "una muerte gloriosa que sirvió al Señor, por la cual cientos aprendieron que no se trata de *cuando* se vive, sino de cuán *bien* se vive. Nuestra iglesia en Nigeria es mucho, muchísimo más fuerte ahora."

"MUERTO A LOS VEINTICINCO, SEPULTADO A LOS SETENTA Y CINCO"

¿Cuánto espera usted vivir? Para ponerlo más concreto, ¿cuántos años más piensa usted que le quedan antes de que alguien realice su funeral? ¿Diez años? ¿Veinte años? ¿Treinta años? ¿Cuarenta años? ¿Cincuenta años? ¿Sesenta años? ¿Cuánto de ese tiempo esta usted seguro que tendrá? La última pregunta es fácil. Usted no está seguro al respecto. La verdad es que, usted puede morir mañana —u hoy mismo— debido a un millar de causas. Nadie sabe cuanto tiempo el o ella va a vivir o precisamente cuando el o ella va a morir.

Lo que importa no es cuánto tiempo vive usted, sino lo que usted hace con los años que le quedan. Demasiadas personas mueren a los veinticinco años sin ser enterrado hasta que tienen setenta y cinco. Derrochan los mejores de sus años en cuestiones triviales, mientras tanto se pierden lo apasionante que es vivir por fe.

Dos Tipos de Éxito

Acá esta todo este capítulo en una oración: *seguir la voluntad de Dios no garantiza éxitos mundanales.* La palabra operativa es "mundanal". Dios tiene una visión de lo que es éxito; el mundo tiene otra. Josué 1:8 nos recuerda que aquellos que meditan en la palabra de Dios serán "prosperan" y tendrán éxito. El salmo 1 contrata el necio que pide consejo del malvado con el hombre justo que edifica su vida en la palabra de Dios. Este último será "es como el árbol plantado a la orilla del río". Dios recompensa este tipo de persona de manera que: "¡todo cuanto hace prospera!" (v. 3).

Pero no confundamos eso con la falsa noción de que hacer la voluntad de Dios no da una vida sin dificultades. Abraham vivió en tiendas de campaña toda su vida. Murió sin recibir todo lo que Dios le prometió a él. En muchas formas podríamos decir que cuando salió, renunció a cualquier chance de grandeza mundanal. Nunca más él conocería la estabilidad ni la prosperidad de aquellos establecidos en Ur. Desde el día que salió hasta el día que falleció, Abraham fue un nómada, un hombre que vivió en tiendas de campaña en una tierra que no poseyó.

"¡Eso es Una Locura!"

Algún tiempo atrás un amigo de llamó para hablarme acerca de un sermón que le enfureció tremendamente. Durante el sermón, el predicador ilustró sus puntos con una historia conectada con su decisión de asistir al seminario. Él era más adulto que la mayoría y ya había establecido un negocio en desarrollo. Luego de enviar su solicitud de ingreso, él decidió dar un paso de fe. Vendió su negocio, se mudó a una ciudad distante e invirtió todos los ahorros de su vida en la compra de una casa. Todo esto sin saber si sería o no aceptado. Al tiempo, su fe fue premiada, cuando recibió la notificación de que había sido aceptado en el seminario. Esa es la historia completa.

Para mí, no luce tan inusual. Las personas hacen cosas semejantes todo el tiempo. Lo que me sorprendió fue la reacción de mi amigo. Decir únicamente que estaba furioso es decir poco. Nunca antes le había visto tan molesto. "¿Cómo puede alguien cometer una estupideces de tal magnitud?, gritaba en el teléfono. "Eso no es fe. Es forzar la mano de Dios." Luego agrego el siguiente comentario: "De seguro que funcionó para él. ¿Pero qué de todos los otros que lo han intentado y no funcionó para ellos?"

Buena pregunta. Por un lado, pienso que mi amigo estaba revelando más respecto a su apego a la seguridad terrenal que sobre la sabiduría o torpeza del predicador. He escuchado historias similares en múltiples ocasiones, mayormente, con finales felices. Por otro lado, él trajo a colación un buen punto. Hay ocasiones en que las personas dan un gran paso de fe, sólo para ver cómo las cosas se les tornan encima. ¿Qué si el hombre no hubiera sido aceptado en el seminario? Bueno, supongo que tendría que haber puesto sus mejores habilidades para encontrar un trabajo en su nueva ciudad, o quizá, hubiera regresado al lugar de donde vino. Sin nada de que avergonzarse. Pero, ¿hubiera eso probado que él se equivocó respecto de la voluntad de Dios? No necesariamente. Ya señalé que nada funcionó para Abraham según lo que él pudiera haber esperado cuando salió de Ur.

¿Qué acerca de un amigo que luego de toda una vida en Chicago se está mudando para otra ciudad para comenzar todo de nuevo? Él y yo ya hemos discutido acerca de la posibilidad de que las cosas no le funcionen de la manera que él esperara. Pero eso no le detiene de dar el paso de fe. ¡Adelante! Por más que yo desee que él permanezca aquí donde se encuentra, difícilmente podría interponerme en el camino de un hombre que quiere seguir al Señor y está dispuesto un paso de fe inusual, aun cuando las cosas no pudieran funcionar. Sin importar lo que suceda, mi amigo emergerá (yo espero y creo) de esta experiencia con una mayor confianza en Dios debido reposa en el Todopoderoso en formas que no ha conocido anteriormente. De todos modos pienso que le ira bien. Pero eso no le exime de algunos días de difíciles y aterradoras incertidumbres en su nueva vida en la nueva ciudad.

Si usted alguna vez decidió hacer de la voluntad de Dios su mayor prioridad de su vida, descubrirá que definitivamente es un viaje increíble. Similar al antiguo Abraham, su búsqueda de la voluntad de Dios le guará fuera de su zona de comodidad hacia la emocionante arena de la vida por fe. En el camino, encontrará que de hecho usted puede sobrevivir sin la absoluta certeza de lo que le traerá el mañana. Quizá aprenda a gozar estar viviendo en el filo entre la fe y el absoluto desastre. Cualquiera llegue a ser el caso, descubrir la voluntad de Dios cesará de ser un ejercicio académico, como realizar sus tareas antes de ir a dormir; y llegará a ser la aventura más emocionante que usted jamás haya conocido mientras se arroja hacia lo desconocido para seguir a Dios a donde sea que Él le dirija.

Preguntas para el Estudio Personal o de Grupo.

Considere el dilema de Abraham cuando el Señor le llamó a dejar Ur de los caldeos. Haga una lista de las razones por las que podría haber decidido no seguir el llamado de Dios.

¿Se considera usted alguien que suele tomar riesgos? ¿Por qué sí o por qué no? ¿Cómo le parece que hubiera respondido si fuera usted quien estaba en los zapatos de Abraham?

Dios "llamó" a Abraham para que dejar Ur. ¿Cree que Él "llama" a personas de manera similar actualmente? ¿Qué directrices sigue usted para determinar entre el llamado de Dios y sus propios deseos?

Mientras sopesa la historia de Lekan Olatoye, ¿conoce usted casos similares donde alguien sufrió o murió en su intento de seguir la voluntad de Dios? ¿Cómo reacciona usted ante estas situaciones? ¿Qué lecciones aprende?

¿De qué manera una sólida creencia en el cielo una parte importante del vivir por fe y el realizar la voluntad de Dios?

¿Cómo se siente frente a la afirmación de que la fe no siempre significa tener una certeza del cien por cien? ¿Ha usted tomado una decisión importante y dado un paso de fe a pesar de sus dudas? ¿Qué sucedió entonces?

Profundizando

Piense sobre su propia vida por un momento. ¿Dónde necesita usted tomar una acción decisiva? ¿Qué le retiene? Escriba sobre tres áreas que necesitan cambios serios. Anote un paso sencillo que pudiera tomar en cada área durante esta semana. Entonces ore esta sencilla oración: *Señor, quiero seguirte a donde sea que tu me guíes. Dame el coraje necesario para caminar por fe esta semana. Amen.*

¿Quién es el Jefe?

La voz al otro lado del teléfono dijo, "Pastor Ray, necesito hablar con usted." Se trataba de un viejo amigo de Texas que estaba visitando a la familia de su esposa en Indiana. ¿Podrían ellos venir a visitarnos de paso? Claro, sería un gusto. Mi amigo dijo que tenía una decisión importante que hacer y que deseaba algunos consejos.

Recuerdo que unos cuatro o cinco años atrás cuando mi amigo vino a mí con una gran decisión por delante. Por aquel entonces él estaba cursando estudios de maestría en una universidad del área de Dallas. Eran tiempos duros, él había perdido su trabajo y el dinero escaseaba. ¿Debería dejar sus estudios? Yo le realicé una pregunta. ¿Qué quieres hacer con tu vida? Una vez que me lo dijo, la respuesta fue fácil. Permanece en la universidad; has todo lo que sea necesario para terminar ese título, puesto que te ayudará a ir adonde tu te propones.

A su tiempo recibió su título de maestría. Luego se integró a la policía. Fue —y aún es— un policía. Un hombre rudo, exactamente el tipo de persona que usted quisiera por compañero si usted fuera un policía y su siguiente llamado telefónico estuviera relacionado con interceptar actividades de drogas en el sur de Dallas. Eventualmente, él procedió a realizar la parte final de su sueño. Entró en un programa académico doctoral (Ph.D), con especialidad en justicia criminal en una de las mejores universidades en los Estados Unidos. Dar aquel paso le costó enormes sacrificios. Trabajó cinco días a la semana como policía, ocasionalmente trabajó en un segundo empleo, y frecuentemente asistió a las clases los últimos dos días de la semana. No fue fácil, no veía a sus hijos ni su esposa tan seguido como él —o ellos— querían.

ESTOY PENSANDO EN ABANDONAR

Cuando vino a verme, estaba en un tercio de su programa doctoral y lo estaba hallando mucho más difícil de lo que había imaginado, pese a que estaba logrando excelentes calificaciones. Estaba pensando abandonar porque estaba siendo demasiado sacrificio. Cuando le pregunté si tenía una computadora para escribir sus monografías, me respondió que no, en parte debido a los costos y en parte porque esta pensando abandonar sus estudios. Mientras conversábamos, yo comencé a sentir que él había llegado a una encrucijada. Si dejaba sus estudios, renunciaría por siempre a sus sueños. Pero para lograr permanecer en el programa, necesitaba una nueva visión para hacer valer la pena todo aquel sacrificio.

El punto decisivo vino cuando le pregunté acerca de la reacción de sus profesores respecto a sus creencias cristianas. "Dios me ha dado gracia ante sus ojos, y cada uno de ellos me ha agradecido por traer la perspectiva cristiana a mis estudios.", dijo él. Cuando escuché aquello, coloqué mis manos sobre la mesa y le aseveré, "Yo sé exactamente lo que Dios quiere que tu hagas".

CAMINO A PIGNON

Antes que le cuente lo que lo dije, permítame relatar otra conversación de otro tiempo y otro lugar. Esta tomó lugar en Haití. Era nuestro último sábado allá, y el grupo de nuestra iglesia acababa de visitar la Citadelle. Es un monumento nacional, a grandes rasgos es como si combináramos el Monumento de Washington, el Memorial de Lincoln, y la Estatua de la Libertad. La Citadelle fue construida por Henri Christophe, el primer rey de Haití. Es, como el nombre implica, una enorme fortaleza que yace en la cumbre de una montaña, protegiendo la ciudad Cap-Haitien. El rey la edificó a principio de los 1800 para repeler a los franceses, puesto que el pueblo de Haití había logrado su independencia recientemente. Tan remota y traicionera su localidad que veinte mil hombres murieron mientras se edificaba.

Para realizar el viaje de ascenso a la cima de la montaña, donde se encuentra la maciza estructura, tomamos un tour, y entonces, bajamos de agregados en la parte posterior de un camión viejo perteneciente a la banda militar. Estábamos cincuenta y ocho de nosotros —con calor, sucios, sudados, y muertos de cansancio, íbamos como sardinas en latas en aquel pedazo de camión. Nos sujetábamos con miedo de muerte cuando el conductor se aproximaba al borde de la montaña, llegando algunas veces a sólo algunos centímetros de distancia del precipicio. El camión no dejó al pie de la montaña y nos montamos en una camioneta que, en un viaje de una hora y media, nos llevo de regreso a Pignon. Diez jovencitos subieron atrás y cuatro de nosotros delante, junto con Caleb Lucien, nuestro conductor.

En algún lugar entre Rafael y Pignon, uno de los adolescentes de nuestro grupo me preguntó cuándo yo había sido llamado al ministerio. Le conté que cuando yo era un niño mi héroe había sido Walter Cronkite, el famoso presentador de CBS. Por años soñé con ser un periodista. Cuando me hice cristiano, sobre el final de mis estudios secundarios, las cosas comenzaron a cambiar. Recuerdo claramente que el mes antes de graduar del secundario, caminaba de un lado a otro en mi dormitorio preguntándome qué sería lo que Dios quería que yo hiciera de mi vida. Una noche durante aquel mes desperté y dije: "Muy bien Señor, si tu quieres que yo sea un predicador, seré un predicador."

Aquello guió a una larga discusión acerca de cómo las iglesias de hoy en día no consideran el servicio de Dios como una manera valiosa de gastar la vida. Hace una generación atrás lo predicadores solían llamar a los adolescentes para que rindieran sus vidas para "servir a pleno en el servicio cristiano". Casi nadie realiza esa invitación hoy en día. Asumimos que nuestros hijos escogerán carreras seculares, y si alguno de ellos opta por el ministerio cristiano, eso esta bien, pero no es nuestra preferencia inicial. El escritor Federico Buechner cuenta que siendo el un hombre joven, asistió a una cena muy elegante en Long Island, en la cual su anfitriona le dijo, "entiendo que usted planea entrar en el ministerio. ¿Es esa su propia idea, o acaso fue escasamente aconsejado?" Sin lugar a dudas, muchas personas sofisticadas piensan de forma similar.

Demasiado Joven Para Casarse

Mientras avanzábamos en el movido y sucio camino, mencioné lo que uno de nuestros predicadores invitados dijera cuando visitara nuestra iglesia algunos meses antes. Fue una de esas pocas ocasiones en los últimos años en que yo escuchaba una idea realmente revolucionaria. El orador dijo que deberíamos alentar a nuestros jóvenes para que se casaran más temprano. Decir que es consejo imponente, sería quedarse corto. Antes de que él lo dijera yo nunca había escuchado a nadie argumentar a favor de los casamientos en la temprana juventud. Todos dicen lo opuesto —por ejemplo, que los matrimonios tempranos producen divorcios tempranos, por lo que los muchachos deben esperar hasta que terminen su educación primero. Pero aquel hombre completamente seguro, y cuando una persona está definitivamente segura respecto a cierta idea revolucionaria, uno debe sentarse y pensar al respecto.

Según lo entiendo, estos fueron sus argumentos: Él cree que nuestro énfasis moderno en que los jovencitos deben esperar a terminar la universidad (y comenzar sus carreras) para después casarse, es en contra de la enseñanza bíblica, materialista e irrealista. Es contra la enseñanza bíblica ya que la única razón para permanecer soltero es para servir mejor al Señor (vea 1 Corintios 7). Es materialista puesto que pone al dinero antes que el matrimonio. Además, es irrealista, porque mientras los muchachos esperan para casarse, no están esperando para mantener relaciones sexuales.

Nuestros Muchachos no Están Diciendo No

Relativo a su último argumento, pienso que la evidencia es del cien por cien. Nuestros jóvenes no están esperando para mantener relaciones sexuales. Muchos de ellos —tal vez la mayoría— están sexualmente activos antes del matrimonio (y no precisamente con sus futuros cónyuges). Varios años atrás Josh McDowell (en cooperación con el joven orador Dawson McAllister) realizó una encuesta nacional entre miles de adolescentes de las iglesias evangélicas. Éstos son los resultados (como aparecen resumidos por John Nieder en *God, Sex and Your Child* [Dios, el sexo y su jovencito], (Nashville: Thomas Nelson, 1988), p. 19):

–A los 18 años de edad…

43 por ciento han mantenido relaciones sexuales

39 por ciento considera que acariciar los senos es moralmente correcto

32 por ciento considera que acariciar los genitales como ocasionalmente aceptable.

65 por ciento han tenido alguna forma de contacto sexual, entre el acariciar los senos y la relación sexual.

35 por ciento no mantiene que el sexo prematrimonial sea siempre moralmente inaceptable.

Recuerde, estos son los resultados de jóvenes *evangélicos*. Ellos han crecido en nuestras iglesias y, presuntamente, han sido enseñados que el sexo prematrimonial siempre es incorrecto. Pero de alguna manera el mensaje no está pasando de la cabeza al corazón. El punto principal es: Esos resultados no son significativamente diferentes de los de la población en general.

En cierto sentido, difícilmente podríamos culpar a nuestros jóvenes. Después de todo, vivimos en una cultura que glorifica el sexo. Aparentemente, todavía llegará a ser peor. La Internet ha hecho posible ver las imágenes más degradables en la privacidad de la casa. No existen límites morales. En los Estados Unidos todo sirve, sin importar cuán vil, cuán desagradable, ni cuán repugnante sea. Mientras nuestros jovencitos son bombardeados con mensajes sexuales que les motivan "a hacerlo", al mismo tiempo nosotros les decimos, "No te cases demasiado joven. Primero termina tu educación. Logra una carrera. *Después* cásate." ¡Con razón nuestros jóvenes están confundidos!

• Nuestros jóvenes no se están casando.
• Tampoco están esperando.
• Muchos de ellos lo están "haciendo".

Sabemos que los quince y treinta años son los de mayor impulso sexual –especialmente para los varones. Así que en la misma cumbre de sus impulsos sexuales nosotros les decimos, "pon primero tu educación y asegúrate de comenzar una carrera. El matrimonio puede venir después".

El resultado es que los jóvenes dejan de lado el matrimonio, y al mismo tiempo, demasiados de ellos comienzan a mantener una vida sexual activa.

¿Por qué? ¡No será que en parte se trata de que nosotros les hemos dado razones impías (primero edúcate e inicia una carrera)? Nuestros jóvenes han visto la farsa. Saben que detrás de nuestras palabras piadosas se oculta una perspectiva materialista. Cuando les decimos eso, levantamos los dioses falsos de la educación y la carrera profesional, y después les rogamos "simplemente di no" para mantener apaciguadas nuestras conciencias culpables.

Seamos completamente claro en sobre este asunto. La respuesta de Dios para el impulso sexual incontrolable es el matrimonio (1 Corintios 7:9). No hay nada malo ni poco noble esto. La respuesta de Dios para la tentación sexual es el matrimonio, *no es* esperar hasta que se finalice la Licenciatura ni lograr un buen trabajo la compañía IBM. Cuando ponemos la educación y la carrera por encima del matrimonio, nuestros jóvenes huelen la hipocresía detrás de nuestras palabras. Ellos saben lo que realmente les estamos diciendo, "Pon tu educación y tu carrera primero, y no estés acostándote con uno y otro; y si lo haces, por el amor de Dios, usa condones". Después de todo, no quisiéramos nada parecido a un bebé, para arruinar sus avances profesionales, ¿cierto?

Realizando Una Distinción Crucial

Créalo o no, después de todo, todavía estamos camino a Pignon. Caleb ahora expresa si discordancia con lo que opinó nuestro invitado. Él opinó que los matrimonios tempranos demasiado seguido lleva a matrimonios rotos y que los solteros pueden lograr grandes cosas para el reino de Dios. Dos puntos que son incuestionablemente ciertos. Si cambiamos nuestra visión a favor de los matrimonios en la juventud temprana, requeriría que repensáramos el papel de la iglesia en la preparación de nuestros jóvenes. Pero, y este es un gran pero, eso es justamente lo que sucedió en los tiempos bíblicos. Los académicos nos dicen que María y José eran adolescentes, probablemente no mayores de catorce o quince años. En aquel entonces, los matrimonios tempranos eran la norma. Nosotros hemos inventado una nueva categoría llamada *adolescentes,* que no existió sino hasta hace algunos 130 años atrás. En los tiempos antiguos, cuando alguien alcanzaba su adolescencia, se casaba.

Caleb mismo nos ofreció un excelente ejemplo del segundo punto. Un haitiano nativo, es un graduado del Washington Bible College y del Dallas Theological Seminary (con dos títulos académicos). Luego de completar sus estudios, regresó a Haití para ayudar a su propia gente. Actualmente él es uno de los líderes más destacados del país. Construye un campamento cristiano, tiene programas de alcance nacional, y tiene planes de establecer una Universidad Cristiana para preparar líderes nacionales. A cada lugar del país que visita, la gente se acerca para conversar con él. Es ampliamente conocido y grandemente amado.

Cuando mantuvimos esta conversación, él aún era soltero, si bien planeaba casarse algún día. Hasta tenía definido el predio donde construir la casa para su esposa. Mediante su propio testimonio, él no tiene el don de continencia. Cierto años después desposó a Debbie, y al presente tienen dos hermosas hijas. Viven felizmente en Pignon, Haití. Para el tiempo que sostuvimos aquella conversación Caleb pensaba que él podía servir mejor al Señor estando soltero, de lo que podría hacerlo estando casado, debido a que podría dar todas sus energías a la obra del Señor. Precisamente ese es el argumento de Pablo en 1 Corintios 7:32-35. Pienso que hoy en día Caleb diría que su matrimonio y su familia son parte de su ministerio al mundo.

¿Cómo poner todo esto junto? Antes que nada, el predicador invitado y Caleb Lucien hablaron de dos temas diferentes.

1. Existe el matrimonio en la voluntad de Dios. Muchas personas deberían casarse para evitar la tentación sexual incontrolable.

2. Existe también la soltería en la voluntad de Dios. Muchas otras personas deberían permanecer solteras ya que de ese modo pueden servir mejor a Dios.

Sobre el curso de la vida, algunas personas pasarán de una categoría a la otra. Cada uno comienza como soltero, muchos se casan, y otros vuelven a estar solteros por medio del divorcio o el fallecimiento de su cónyuge. Pero no importa, de todos modos, usted siempre puede servir a

Dios eficazmente. Aquellos que están solteros tienen la ventaja de servir al Señor sin distracciones terrenales (lo cual parece ser el argumento de Pablo en 1 Corintios 7), no obstante quienes están casados, bien podrán servir al Señor de manera muy eficiente.

Lo que destaco no es para apoyar los matrimonios tempranos (si bien pienso que posiblemente deberíamos considerarlo más seriamente de lo que lo hacemos), sino sugerir que tener una carrera no es en sí una meta bíblica. Y cuando presionamos a nuestros hijos a que pospongan su matrimonio por varios años con el fin de desarrollar una carrera profesional primero, los estamos empujando hacia la dirección errada. Servir al Señor a través de una carrera es noble. Pero colocar la carrera por encima del matrimonio (o alentar a su hijo para que lo haga) frecuentemente lleva a resultados negativos. Cristo debe ser la prioridad por encima de todo lo demás.

Cruzando la Línea

Antes de continuar con la historia de mi amigo de Texas, viajemos veinte siglos hacia atrás para oír las palabras de Jesús. El lugar es Cesarea de Filipo, una ciudad romana ubicada en los altos del Golán, al noreste del mar de Galilea. Una enorme acantilado domina el paisaje. En la base del acantilado un riachuelo fluye que desemboca en el río Jordán.

Es un momento crucial para Jesús. Todo Israel habla sobre este hombre de Galilea. ¿Quién es él? ¿Por qué poder puede realizar milagros? ¿Qué pretende realmente? Luego de una oleada de popularidad, la nación está ahora dividida. Indudablemente, él tiene bastante seguidores entre la gente común. También es cierto que entre los ricos y los poderosos, comienzan a cristalizar las opiniones en su contra. A la distancia, el ruido de la furia ha comenzado a sonar. Luego de varios meses, ese sonido llegará a ser ensordecedor.

Sabiendo todo esto, y conociendo que terminará con su muerte como resolución, Jesús reunió a sus discípulos en este apacible lugar para profundizar el compromiso que ellos han asumido. Jesús ve delante el momento en que él penderá de la cruz romana. ¿Qué sucederá entonces? ¿Será que estos hombres —su círculo íntimo, con quienes él ha pasado bastante tiempo— permanecerán junto a él, o huirán? Jesús conoce la inconstancia del corazón humano. Él también conoce que más allá de las palabras valentonas, ninguno de estos hombres sabe el camino que tendrán que recorrer juntos.

Es tiempo de escoger bandos. Estos hombres fueron elegidos individualmente. Jesús mismo los entrenó. Ellos le conocen mejor que nadie en esta tierra. Ellos le han visto realizar milagros, sanar a los enfermos, maravillados mientras él desconcertaba a los fariseos. ¿Pero han ellos comprendido el significado de todo esto?

Es aquí, en Cesarea de Filipo, que Jesús les preguntó, ¿Quién dice la gente que soy yo? (Mr. 8:27). Aquí Pedro dio su confesión, "Tú eres el Cristo, el Hijo del Dios viviente" (Mt. 16:16).

De todos modos la conversación no acabará allí ya que Jesús buscaba algo más que una confesión. Él estaba buscando un compromiso. "Ahora que ustedes saben quien soy yo, ¿van a comprometer sus vida por mí?" Así es como Jesús colocó el asunto frente a sus discípulos:

> *Entonces llamó a la multitud y a sus discípulos.*
> *—Si alguien quiere ser mi discípulo –le dijo–, que se niegue a sí mismo, lleve su cruz y me siga. Porque el que quiera salvar su vida la perderá; pero el que pierda su vida por mi causa y por el evangelio, la salvará. ¿De qué sirve ganar el mundo entero si se pierde la vida? ¿O qué se puede dar a cambio de la vida?* (Mr. 8:34-37)

¿Cuál es el Mejor Negocio?

Dele una buena vista a los versículos de Marcos 8. La Nueva Versión Internacional al traducir este texto usa la palabra "vida" dos veces, y también dos veces la palabra "alma". Pero en el idioma griego no hay distinción entre esas palabras. La palabra griega *psyche* es de la cual deriva la palabra "sicología" al español. A veces refiere a la parte inmaterial del ser humano (su alma) como opuesta a su cuerpo. Pero más seguido se refiere a la persona completa, a su interior, al yo consciente que llamamos personalidad. La *psyche* es su verdadero usted que lo hace vivir, respirar y tomar decisiones. "Vida" (según se menciona arriba) no es una mala traducción mientras tanto recordemos que significa más que mera existencia física.

Con esta información como trasfondo, podríamos parafrasear estos versículos –y agregarle un poco de lenguaje del siglo veintiuno– de la siguiente manera:

Ahora que ustedes saben quien soy yo, ¿están listos para tomar su cruz y seguirme? Antes de que respondan, déjeme advertirles de que ante los ojos del mundo seguirme parece un derroche de vida. La gente del mundo nunca entenderá lo que ustedes hacen. A ellos les parecerá que están desperdiciando sus vidas.

Ustedes siempre tienen otra opción. Pueden intentar salvar sus vidas mediante seguir sus propios deseos. Muchas personas lo hacen. Viven como si sus carreras fueran todo lo que importara. Pero las personas que viven sólo para esta vida, al final descubrirán que la gastaron en cosas sin importancia. Tratan de salvarla viviendo para sí mismos, pero al final descubrirán que la perdieron. Ellos han desperdiciado sus vidas en trivialidades.

Pero si ustedes me siguen –pese que el camino no será sencillo y seguido serán mal interpretados– al final salvarán sus vidas. Y las personas que ahora ríen de ustedes no reirán entonces. Ellos verán que ustedes estaban en lo correctos y ellos estaban equivocados.

Después de todo, de qué vale si llegasen a ser las personas más rica del mundo o ascienden la escalera corporativa o si logran el salario más alto de toda si compañía o ganan el aplauso del mundo, qué bien sacarán de todo eso si al final descubrieran que fue una pérdida de tiempo. ¿Qué beneficio le dará el flamante automóvil deportivo? ¿Podrían acaso cambiarlo por otra vida? No, no podrían. Pero si es el tipo de vida que quieren, adelante, háganlo. Millones de personas lo hacen. Al final lamentarán, y entonces, será demasiado tarde como para que puedan hacer algo al respecto.

¿Qué escogerán, hombres? ¿La manera de la cruz o la manera del mundo? Deben invertir sus vidas en uno de los lados. ¿Cuál es el mejor negocio?

El Golpe en la Puerta

Quizá una ilustración contemporánea ayude a comprender el desafío que Jesús presentó a sus discípulos. No muchos después que la Unión Soviética cayó, tuve el privilegio de cenar con un pastor de San Petersburgo, en Rusia. Durante la velada él nos contó a qué se asemejaba crecer en un país comunista. Su padre (quien fuera pastor por más de cuarenta años) solía decirle a su madre, "Es posible que una de estas noches estemos durmiendo cuando oigamos que golpean a nuestra puerta. Cuando eso suceda, no te sorprendas si la KGB me lleva a medianoche y jamás vuelves a verme. Cuando eso pase, no renuncies a la fe. Después que yo me haya ido, recuerda que el Señor nunca te dejará".

Durante los años del comunismo muchos cristianos fueron llevados a campos de presidiarios y a hospitales siquiátricos, donde sufrieron horrores debido a su fe. Algunos creyentes pasaron veinticinco años detrás de los barrotes por causa del evangelio. Unos pocos, al salir escribieron libros sobre sus experiencias. Pero la mayoría de los que sufrieron por causa de Cristo no escribieron ningún libro porque no deseaban publicidad. Vieron su tiempo en la prisión como parte de su ministerio para Dios. Su actitud fue, "Si Dios puede usarme más eficientemente en la Gulag [campamentos de trabajo forzado de la antigua URSS], entonces allá es donde voy a ir a servirle".

Tras setenta años de opresión, el pueblo de Rusia todavía está acostumbrándose a la libertad. Muchos cristianos occidentales continúan inquietos con la pregunta: ¿Por qué Dios permitió a los comunistas oprimir al pueblo por setenta años? Existen diversas respuestas negativas a esta pregunta; sentado a la mesa aquella noche, el pastor ofreció una respuesta positiva, más o menos así:

Luego de todo lo que nos ha sucedido, la iglesia de Rusia es casi como la iglesia primitiva del primer siglo. No tenemos nada sino una fe pura en Dios. Nuestras iglesias no están corruptas por demasiadas cosas que corrompen las iglesias de occidente. Creo que un gran avivamiento viene sobre el mundo para los últimos días, y creo que la iglesia rusa enviará miles de misioneros alrededor del mundo. Para poder estar listos para hacerlo es que estuvimos oprimidos por los comunistas.

Esto es en parte lo que significa "perder [su] vida" por causa de Jesús. Pese a que le demande un elevado costo en términos de bienes mundanos, al final, usted logrará mucho más de lo que hubiera logrado en el camino ancho.

¿Fue Jesús un Fracasado?

¿Cuál fue el mejor trato que usted ha realizado? La vida de Jesús es la mejor respuesta a esta pregunta.

- Nació en una diminuta villa de una remota provincia romana.
- Nunca fue a la universidad, ni recibió entrenamiento profesional alguno.
- Nunca tuvo una cuenta bancaria.
- No poseyó nada, además de la ropa que llevaba puesta.
- Nunca ocupó puesto público.
- Nunca escribió un libro.
- Nunca tuvo esposa ni hijos.
- Sus amigos cercanos eran simples trabajadores.
- Se sentía en casa entre los despreciados de la sociedad.
- Su ministerio consistió en predicar en las afueras de la ciudad, enseñar en las sinagogas, responder preguntas difíciles, sanar a los enfermos y echar fuera demonios.
- Sus opositores te acusaron abiertamente de pactar con el diablo.
- Sobre la marcha, ganó a varios enemigos poderosos al exponer la corrupción en las altas esferas.
- Finalmente, sus adversarios lo capturaron, le juzgaron en una corte ilícita y le condenaron a muerte.

Para ser completamente honestos, por medio de todas las medidas modernas le consideraríamos un fracasado. Nunca llegó a la cima. Si alguna vez pareciera haber desperdiciado su vida, ese fue Jesús.

Pero considere lo siguiente. Luego de dos mil años…

- Sus palabras son recordadas y repetidas alrededor del mundo.
- Sus seguidores se cuentan en cientos de millones y pueden ser hallados en cada país de esta tierra.
- Su integridad personal permanece intachable en medio de los ataques de los cínicos y el desprecio de los ignorantes.

- Su muerte, que pareció ser trágica, ha llegado a ser el medio para reconciliarnos con Dios.
- Su misión completa sobre la tierra, que pareciera haber sido un fracaso, ha llegado a ser el mayor de los éxitos en la historia.

¿Cómo es posible? Él fue humillado hasta la muerte y pareció perder su vida sin propósito alguno. Aún así, por medio de su muerte, Dios le exaltó hasta la suprema posición del universo, "para que ante el nombre de Jesús se doble toda rodilla en el cielo y en la tierra y debajo de la tierra, y toda lengua confiese que Jesucristo es el Señor, para gloria de Dios Padre" (Fil. 2:10-11).

Jesús fue claro al explicar porqué hizo lo que hizo cuando dijo, "ciertamente le aseguro que si el grano de trigo no cae en tierra y muere, se queda solo. Pero si muere, produce mucho fruto" (Jn. 12:24).

De una semilla salió una basta cosecha; pero aquella semilla debió morir para que produjera fruto. Mientras la semilla "salve" su vida, permanece sola. Pero cuando "pierde" su vida, entonces produce una cosecha.

Es realmente simple. Si usted intenta "salvar" su vida, al final la "perderá". Pero si se atreve a "perderla" por causa de Jesús, al final la "salvará". Jesús mismo es el ejemplo supremo de este principio.

Carrera Versus Misión

Hay otra manera de ver toda la cuestión de perder y salvar la vida. Permítame hacerlo mediante la realización de esta pregunta: ¿Es su vida una carrera o una misión?

Existe una enorme diferencia entre estos dos conceptos. Una rápida mirada al diccionario no revela la diferencia esencial:

- Una carrera es algo que usted *escoge* por sí mismo.
- Una misión es algo *escogido para usted* por alguien más.

Con la finalidad de clarificarlo, podríamos presentar las diferencias de la siguiente manera:

CARRERA	**MISIÓN**
Usted escoge	Dios escoge
Realizar algo	Ser alguien
Sus metas para su vida	Las metas de Dios para su vida

"Yo puedo lograrlo"	"Es mayor que yo"
"Quiero todo ahora mismo"	"Estoy dispuesto a esperar por Dios"
Una escalera que escalar	Una senda que transitar
Satisfacción presente	Cumplimiento futuro
Enfoque horizontal	Enfoque vertical
Felicidad	Gozo
Primordialmente un destino	Primordialmente un peregrinaje
"Mi carrera es mi vida"	"Mi misión es mi vida"
"Soy un profesional"	"Soy un discípulo"
Dejo una huella	Dios deja una huella
Llegar a la cumbre	Tomar la cruz
"que venga mi reino"	"Venga Tu reino"
Acumular una fortuna	Acumular tesoros en los cielos
Enfoque: la eficiencia	Enfoque: la relación con Dios
Orientado al mercado	Orientado a la santidad
Consciente de la imagen	Consciente de Dios

Existe una enorme diferencia entre vivir para la carrera y ser enviado en una misión. La Biblia nunca habla de tener una carrera. Tener una carrera *no es* bíblico. Tener una misión lo es.

¿ES ESTO TODO LO QUE HAY?

No se trata de que los creyentes no tenga una carrera. Nosotros la tenemos. Algunos somos pintores, algunos doctores, otros ingenieros de computación, banqueros, enfermeros, maestros, o escritores. Algunos son amas de casa, madres (una muy honorable y poco estimada carrera). No obstante, la diferencia es esta: *La gente del mundo vive para sus carreras; el pueblo de Dios no.*

Cuando su carrera es el factor más importante de su vida, entonces su carrera es el objetivo y su modo de vida es el ascenso en la escalera profesional. Toma un trabajo y lo abandona dos años después porque es "una buena oportunidad profesional". Rompe todas las relaciones significantes que había logrado en un lugar y se muda a otro lado del país porque su carrera se lo demanda. Todo está calculado para algún día lograr alcanzar "la cumbre". Cuando usted llega allá, su carrera estará completa, y el mundo aplaudirá sus logros.

Yo sugiero que esta mentalidad enfocada en la carrera es precisamente sobre lo que Jesús se refería cuando dijo, "Cualquiera que quiera salvar su vida la perderá". Su carrera bien puede servirle para lograr la misión de su vida, y su misión quizá nunca le de el sentido de una carrera.

- Su carrera es la respuesta a la pregunta, ¿Qué hago para vivir?
- Su misión es la respuesta a la pregunta, ¿Qué hago con mi vida?

Si usted está aquí sólo para comer, dormir, ir a la universidad, recibir un título, casarse, lograr un trabajo, tener hijos, escalar a la cima de la empresa, hacer algo de dinero, comprarse una casa de verano, jubilarse cómodamente, envejecer y morir… ¿Entonces cuál es el gran asunto? Todo eso está bien, pero si eso es todo lo que espera de su vida, usted no tiene ninguna diferencia de los paganos que no creen en Dios.

Digámoslo de esta forma: Jesús llamó a sus discípulos para que se consumieran en el servicio al reino. Eso se aplica a los creyentes de *todos* los tiempos, no sólo a los "ministros a tiempo completo" como los pastores y misioneros. Supongamos que usted es un ingeniero electrónico o un abogado. La siguiente es la descripción de trabajo que Dios le entrega:

- Usted es un misionero disfrazado de ingeniero.
- Usted es una misionero disfrazado de abogado.

Es lindo tener una carrera; pero es muchísimo mejor tener parte en la misión de Dios.

No es malo tener una carrera y que le vaya bien según los parámetros del mundo. Tampoco es pecaminoso mudarse a través del país. Ya le conté la historia de mi amigo de Chicago porque realmente quiere seguir la voluntad de Dios. La motivación lo es todo. Tal vez dos personas tomen la misma profesión, y ambos lleguen a la cumbre. De todos modos quizá uno de ellos sólo vive para su carrera, mientras que el otro ve la vida como una misión divinamente ordenada por Dios. Una ha perdido su vida; y el otro la ha salvado, igual que Jesús lo hizo.

Pregúntese a usted mismo, ¿tuvo Jesús una carrera? No; él tuvo la misión de Dios de ser el Salvador del mundo. Nada de los que hizo tiene sentido desde el punto de vista carrera-profesional. Ser crucificado no es un buen ascenso profesional. De todas formas, por medio de su vida reconcilió al mundo con Dios. ¿Fue él un éxito o un fracaso? La respuesta es obvia.

Un Hombre con Una Missión

Así que golpee la mesa con mi mano y le dije a mi amigo, "Yo sé exactamente qué es lo que Dios quiere que hagas. Dios quiere que regreses a Texas, te reintegres al programa doctoral (Ph.D) y termines el título, para entonces ir y hacer una diferencia en el sistema de justicia criminal de los Estados Unidos. ¿Comprendes la posición en la cual te encuentras? Todos comprendemos que el sistema de justicia criminal está corrupto en los Estado Unidos, y todos asentimos que debe ser reformado. Yo no puedo hacerlo. Yo sólo soy un "laico" en asuntos de justicia criminal. Yo podría decir todo lo que se me ocurra, pero los profesionales no me darían importancia. No sé nada acerca de los detalles de la justicia criminal. Lo poco que sé es debido al programa televisivo del abogado *Perry Mason*. No tengo influencia en lo absoluto en dichos asuntos.

"Necesitamos hombre y mujeres que creen en la Biblia, gente entrenada en los más elevados niveles de justicia criminal, que estén dispuestos a pagar el precio del tiempo y el sacrificio para lograr los títulos de las mejores universidades, que sin vergüenza alguna estén dispuesto a aportar sus perspectivas evangélicas e intentar en las aulas de clase –aunque de manera imperfecta– a proclamar el señorío de Jesucristo sobre el sistema de justicia criminal. Siempre podremos tener más policías cristianos, ¿pero de dónde vamos a sacar personas altamente entrenada para hablar de parte de Dios en el sistema de justicia criminal? Permanece en la universidad y termina ese título".

Miró desconcertado, y luego, lentamente, con una amplia sonrisa. "Pastor, jamás había visto el asunto desde ese punto de vista. Supongo que simplemente estaba pensando en terminar el grado académico e ir a enseñar a alguna universidad por ahí. Nunca lo había pensado como una misión de parte de Dios".

Entonces le dije, "Si vas a recibir tu título para ir a enseñar a cualquier parte por ahí, olvídalo –ya tenemos demasiados profesores. Si recibir el doctorado es únicamente un movimiento profesional, olvídalo –no vale la pena tanto sacrificio. Por otra parte, si crees que Dios te ha llamado a hacer una diferencia para Él dentro del sistema de justicia criminal, entonces necesitas ese Ph.D para hablar al sistema con total credibilidad. Todo depende de si deseas una carrera o una misión.

UNA COMPUTADORA NUEVA

Mi amigo regresó a Texas, mientras yo me preguntaba qué decidiría. Alrededor de un mes después me escribió una carta diciendo que había decidido ir delante hasta completar su título, y además, agregó una nota interesante.

Una vez que decidió culminar el programa doctoral, supo que necesitaría una computadora nueva. Así que buscó y encontró lo que él pensaba que era una buena posibilidad. Un domingo mientras visitaba la iglesia mencionó que planeaba comprar una computadora. Un hombre oyendo su historia dijo, "Deme los detalles, y me encargaré de que uno de mis empleados le consiga una". Mi amigo le dio los detalles del sistema que se proponía comprar, y el hombre se lo dio a uno de sus empleados.

Algunos días después aquel hombre regresó y le dijo, "Esta no es la mejor opción. Aquí esta lo que usted en realidad necesita…" El hardware y el software que el hombre proponía comprar costaban unos cuantos cientos de dólares más y mi amigo no podía adquirirlos a tales precios.

Antes que mi amigo dijera ni siquiera una palabra más, el hombre dijo, "Mi esposa y yo hemos decidido comprarle este sistema de computadora, como una forma de inversión en su vida." Eso es lo que sucede cuando usted deja de fijarse en su vida como una carrera y comienza a verla como una misión. La gente capta la visión y se unen para apoyarle.

LA MAYOR MISIÓN SOBRE LA TIERRA

Mientras finalizamos este capítulo, permítame sugerir algunas implicaciones acerca de la verdad de perder la vida por causa de Cristo. Primero, *necesitamos desafiar a nuestros adolescentes para que vean por sí mismos como parte de la misión de Dios.* Demasiado seguido hablamos como si la finalidad de la vida fuera tener una carrera. ¿Por qué complicarse intentando permanecer puros si el propósito culminante es recibir educación para poder tener una carrera y acumular una fortuna? ¿Cuál es la motivación para decirle no a la tentación? Nuestra única esperanza es desafiar a la próxima generación para que estén dispuestos a perder sus vidas por causa de Jesús. Entonces, y solamente entonces ellos tendrán los recursos espirituales para permanecer firmes contra la incesante oleada de maldad. ¿Por qué perder la vida persiguiendo un postgrado en administración de empresas con la finalidad de jubilarse e ir a vivir a la Florida de aquí a cuarenta y cinco años más? Gran negocio. La vida debe tratarse de mucho más que eso.

Desafiemos a nuestros hijos para que adquieran normas mucho más elevadas que el simple llamado del materialismo. Contémosle acerca de la única cosa que en verdad cuenta en la vida –seguir a Jesús en la mayor misión sobre la tierra.

Segundo, *cada cristiano necesita realizar una revisión de su carrera-misión de tiempo en tiempo.* Frecuentemente agonizamos respecto a la voluntad de Dios debido a que mantenemos una perspectiva orientada hacia la carrera en vez de a la misión. Por lo tanto realizamos decisiones estrictamente desde una base mundana relacionada al dinero, la posición, las influencias, los títulos, el salario, los beneficios, estando en el camino correcto de la carrera, conectándonos con las personas correctas, y cosas similares. Pero Jesús ya nos advirtió que podríamos tener todas esas cosas y aún perder nuestra alma. ¡Seguir a Cristo es el camino de la vida!

La pregunta no es ¿qué hace usted para vivir? El asunto de fondo es ¿qué está usted haciendo con su vida? ¿Por qué Dios le ha puesto en esta tierra?

Una rápida ilustración podría ayudar. Recientemente, un amigo me invitó a comer para entonces contarme lo que Dios estaba haciendo en su vida. Él ha servido por los últimos diez años como consultor de negocios. En el camino ha servido a varias empresas internacionales en Inglaterra, Brasil e Italia. Actualmente está en un período de transición, iniciando su propia firma consultora en el medio oeste de los Estado Unidos. Respecto de lo que significa ser un cristiano en el mundo de los negocios, mi amigo hizo un comentario que se pegó a mi mente: "Si tu eres feliz y productivo en tu trabajo, la única razón para tomar un ascenso es si piensas utilizarla para influenciar para el reino de Dios".

Aquella fue una idea perspicaz. Utilizar las posiciones más elevadas con la finalidad de impactar el mundo para Jesucristo. No suba únicamente para llegar a la cima. Note que Dios le ha colocado donde usted se encuentra "...precisamente para un momento como este!" (Est. 4:14). Comprenda que detrás de cada puerta que se abre y de cada ascenso se encuentra el Señor Dios que reina en los cielos y la tierra. Mientras usted escala a la cima, recuerde quién le puso allí.

Demasiados cristianos rutinariamente toman decisiones equivocadas debido a que están demasiado enfocados en su carrera y no enfocados en su misión. ¡Qué enorme diferencia haría ver toda la vida como pertenencia del Señor Jesucristo!

La Respuesta Hace Toda la Diferencia

El misionero martirizado, Jim Elliot dijo: "No es tonto quien da lo que no puede retener para ganar lo que no puede perder". Si usted intenta retener su vida, al final la perderá. Si pierde su vida por causa de Jesús, al final la salvará.

Si pierde su carrera, ¿qué diferencia hará eso diez segundos luego de muerto? Si usted gasta su vida al servicio del reino de Dios, el camino quizá no será fácil, le aseguro que diez mil años a partir de hoy usted no se habrá arrepentido de haber tomado esa decisión.

¿Tiene usted una carrera o una misión? La respuesta a dicha pregunta hará la diferencia en este mundo.

Preguntas Para el Estudio Personal o de Grupo.

1. La mayoría de las personas acuerdan que adquirir una buena educación es absolutamente vital. ¿Qué tanta educación es suficiente? En la mayoría de las historias de este capítulo, el hombre eventualmente logró su Ph.D [grado doctoral académico]. Pocos de nosotros llegaríamos tan lejos. ¿Qué principios bíblicos deberían guiar las decisiones relativas a la necesidad de educación?

2. ¿Cuándo los asuntos de carrera llegan a ser dilemáticos? ¿Cuál es el factor de la "misión de Dios" como principio?

3. A través de los siglos los escépticos se han mofado de Jesús como un rabino desconcertado cuya vida fue un rotundo fracaso. ¿Qué evidencias puede usted esgrimir para refutar tales acusaciones? ¿En su opinión, ¿cuál fue la misión de Jesucristo? ¿Él triunfó o fracasó? Explique su respuesta.

4. ¿Qué evaluación le merece la discusión del autor respecto a los matrimonios tempranos versus terminar primero una carrera?

5. Considerando que todos nosotros tendremos una u otra carrera, ¿cómo podemos asegurarnos que nuestra carrera es parte de la misión de

Dios? ¿Podrían dos personas tener la misma carrera, y quizá trabajar en el mismo sitio, y sin embargo uno tener una misión de Dios y el otro simplemente ocuparse de ascender la escalera de su profesión? ¿Cuáles serían las diferencias entre uno y otro en los detalles de la vida diaria?

6. Lea Marcos 8:34-38 cuidadosamente. Ahora imagine que Jesús le habla a usted directamente. Parafraseé Sus palabras como usted imagina que Él pudiera haberlo hecho si ustedes dos estuvieran conversando juntos. ¿Cómo se aplican estas palabras a sus intereses, sus pasatiempos, sus aspiraciones profesionales y sus relaciones?

Profundizando

¿Ha descubierto la misión de su vida? No su carrera, sino el motivo básico por el cual Dios le colocó sobre la tierra. ¿De qué lugar está su vida respecto al dilema carrera versus misión, tratado en este capítulo? Aparte diez minutos por día durante esta semana para pensar y orar al Señor acerca de la misión de su vida. Considere sus talentos naturales, sus dones espirituales, los eventos cruciales (ambos, buenos y malos) en su vida, y responda a la pregunta, ¿Cuál es el propósito de Dios para mi vida? Luego escriba una declaración de misión en una sola oración. Escríbala y colóquela en un lugar donde pueda verla todos los días. Memorícela y compártala con al menos una persona más. Usted se sorprenderá al ver que su vida toma direcciones nuevas y más decididas.

La Oración Más Dura que Usted Hará

Algunas oraciones son más difíciles que otras. Aprendí eso hace treinta años atrás cuando mi padre falleció. Cierto día de octubre él sintió un dolor en el hombro. Más tarde los médicos dijeron que era un dolor transferido por una infección bacteriana en alguna otra parte de su cuerpo. Inicialmente no pareció nada serio, pero él no mejoraba hasta que unos días más tarde viajó en ambulancia a Birmingham, donde un grupo de médicos le examinó. Marlene y yo condujimos hasta Dallas, llegando al hospital poco después de la medianoche. Papá me habló apenas le vi, pero no noté que estuviera tremendamente enfermo.

Varios días más tarde, de regreso en Dallas, recibimos la fulminante noticia. Una vez más viajamos hasta Birmingham, esperanza contra esperanza. Pero mis propios ojos, sin entrenamiento médico alguno, me indicaron que papá no permanecería mucho más sobre esta tierra. Aquel día –que quedará por siempre entre mis recuerdos– fui a verle, y él no me reconoció. Estaba bajo los efectos de las medicinas y al borde del estado de coma. Apoyado contra la pared de la Unidad de Cuidados Intensivos llore lágrimas de furia, sin poder aceptar la verdad, mi padre estaba muriendo, y yo no podía hacer nada al respecto.

Debí haber orado aquel día. De seguro lo hice. Después de todos, estaba en el seminario aprendiendo a ayudar a otras personas a descansar en Dios. No oré con palabras. En aquel momento de terrible impotencia, la oración no llega naturalmente. Con toda la teología de lado, sabía que mi padre estaba muriendo. Apenas pude balbucear, "Oh Dios, sánalo", pese a que sabía en lo profundo de mi corazón que Dios no lo iba a hacer. No podía orar diciendo, "Oh Señor, llévalo a casa y cesa su dolor", porque él era mi padre y demasiado joven para morir. Oré diciendo, "¡Oh Dios!", y eso fue todo. En unos pocos días Dios intervino y misericordiosamente finalizó el padecimiento de mi padre.

Orando en la Oscuridad

Muchas personas han estado en el mismo lugar. Quizá usted sea uno de ellos. Al lado de la cama de un ser amado sintiendo que es casi imposible orar. O tal vez ha enfrentado dificultades de tal magnitud que verdaderamente usted no sabe qué palabras usar para orar. Posiblemente ha habido tiempos en su vida cuando usted no ha orado esta atemorizado de las posibles respuestas que Dios le diera.

La oración puede hacerle eso aún a los mejores de nosotros. Parece sencillo los domingos por la mañana. ¿Por qué es tan difícil orar en la oscuridad? Tal vez tememos lo que Dios nos responda. ¿Qué si pedimos dirección y Él nos dirige hacia donde no queremos ir? ¿Qué si oramos por sabiduría y la sabiduría que recibimos parece no tener sentido? ¿Qué si oramos por paciencia y la respuesta no implica sino más problemas?

Algo Más Como los Ángeles

Todo esto no debería sorprendernos. Jesús abordó el asunto cuando nos dio el Padre Nuestro. Incluido en la oración modelo están las siguientes palabras: "venga tu reino, hágase tu voluntad en la tierra como en el cielo" (Mt. 6:10). La dificultad básica puede ser fácilmente visible si la colocamos en una serie de declaraciones lógicas:

1. Dios tiene una voluntad concerniente a mi vida.
2. La voluntad de Dios abarca sus deseos para mi vida.
3. Yo también tengo una voluntad que abarca mis deseos para mi vida.
4. Ambas voluntades están frecuentemente en conflicto.
5. Cuando existe un conflicto, una de las voluntades, la de Dios o la mía, prevalecerá.
6. Cuando oro, "hágase tu voluntad", le estoy pidiendo a Dios que prevalezca sobre mi voluntad.

Esta es la dificultad básica que enfrentamos al orar. *Cuando le pedimos a Dios que se haga su voluntad, en la petición implicamos que nuestra voluntad, si fuera necesario, sea relegada.* No es sencillo orar de esta manera cuando estás a la cabecera de la cama de un ser querido internado en el hospital.

Eso es únicamente una parte del problema. Jesús nos enseñó que la voluntad de Dios debería acatarse "en la tierra como en el cielo". ¿Cómo exactamente se hace la voluntad de Dios en los cielos? Si refiere a los ángeles (y pienso que de eso se trata), entonces, la voluntad de Dios *siempre* se hace. El Salmo 103:20 dice: "Alaben al SEÑOR, ustedes sus ángeles, paladines que ejecutan su palabra y obedecen su mandato". En los cielos, la voluntad de Dios es *siempre* ejecutada; en los cielos, la voluntad de Dios es hecha de manera *inmediata*; la voluntad de Dios es realizada *gozosamente*. En esencia, no pide que oremos que lleguemos a ser algo similares a los ángeles (quienes siempre obedecen) y un poco menos como los demonios (quienes nunca obedecen). Cuando eso sucede, la tierra llega a ser un poco más como los cielos y algo menos como el infierno.

No obstante, la voluntad de Dios es raramente hecha en la tierra. Después de todo, viven más de cinco billones de voluntades sobre la tierra y todavía continúa habiendo una sola voluntad celestial. Simplemente vea a su alrededor. ¿Acaso ve usted que la voluntad de Dios sea hecha? Tome un periódico y lea acerca del asesino en serie. Lea sobre los asesinatos en Irak, la masacre en Sudán, la corrupción en la cúpula de los Estados Unidos, el incremento del abuso infantil satánico. Tal parece que se está haciendo la voluntad de alguien más.

De alguna manera, "hágase tu voluntad" parece como una de las oraciones más desesperanzadoras. Diminutamente parece ser nuestra intención. Diminutamente parece ser respondida.

"Hágase tu voluntad" es una oración difícil de orar sinceramente. Tal vez sea la oración más difícil que usted jamás pueda elevar. Pese a que Jesús mismo nos instruyó a usar esas palabras, hay por lo menos cuatro razones por las cuales es difícil de hacer.

Razón # 1
"Hágase tu voluntad" es difícil de orar porque significa perder el control de nuestra propia vida

Regresamos a aquel pequeño silogismo:

1. Dios tiene una voluntad (o deseo) para mi vida.
2. Pero usted tiene su propia voluntad (o deseo) para su vida.
3. Cuando ora, "hágase tu voluntad", usted está pidiendo que Su voluntad se imponga a la suya.

Únicamente una voluntad puede realizarse a la vez. Bien es la voluntad de Dios hecha o es la suya. Él está en control o lo está usted. No es fácil orar así porque implica entregar el control de su vida.

Aunque al fin de cuentas usted no está en control. Sólo parece que lo está.

Proverbios 20:24

Recientemente ayudé a oficiar la ceremonia de una boda de dos estudiantes que asistían a una universidad cristiana local. Durante el ensayo mantuve una linda conversación con uno de los profesores universitario, quien también iba a tomar parte en la ceremonia. En el transcurso de nuestra conversación él mencionó un versículo que yo nunca antes había considerado –Proverbios 20:24 ("Los pasos del hombre los dirige el SEÑOR, ¿Cómo puede el hombre entender su propio camino?). No parecía remarcable hasta que el profesor mencionó la palabra "hombre" en la primera parte del versículo no es la palabra usual del hebreo. Es una palabra hebrea que significa "guerrero poderoso". Los escritores del Antiguo Testamento usaban aquella palabra particular para referir a los grandes soldados que marcharon valientemente a la batalla. Estos "hombres poderosos" de Israel eran quienes poseían gran fuerza y coraje.

Podríamos traducir la primera parte del versículo de la siguiente manera: "Aún los pasos de un hombre poderoso están dirigidos por el Señor". Piense en los hombres poderosos de esta década. Sus nombres son George W. Bus, Colin Powell, Tony Blair, Vladimir Putin y en otra categoría, Bill Gate, Brad Pitman, Derek Jeter, Payton Mannig, y Donald Trump. Mientras escribo estas palabras, estos nombres están entre los "hombres poderosos" de este mundo. Pero de aquí a algunos años (quizá sólo uno o dos), la lista cambiará. En veinte años posiblemente la lista será completamente diferente. Todos ellos parecen ser hombres que se desarrollaron a sí mismos, dispuestos a ir delante por sus vidas. Pero únicamente parece ser así. Salomón dice que detrás del poder y la imagen de hombre poderoso, está la mano del mismo Señor. Él es quien dirige sus caminos.

Esto nos lleva a la segunda parte del versículo: "¿Cómo puede el hombre entender su propio camino?" (NVI). La palabra traducida "el hombre", es precisamente la palabra hebrea más común para referirse a un hombre. En este contexto, tiene la idea de "un mero hombre mortal". Ni siquiera el hombre poderoso puede dirigir sus propios pasos, ¿cómo puede cualquiera de nosotros estar seguro de su propio futuro? Si incluso las personas a quienes nosotros miramos hacia arriba están bajo la misericordia de las manos superiores, entonces, ¿cómo podremos cualquiera de nosotros entender la dirección de nuestras vidas? La respuesta es, no podemos. Los hombres poderosos no pueden. La gente promedio tampoco puede. Usted no puede. Yo no puedo. Nadie puede.

Dave Dravecky

Considere a Dave Dravecky. Sobre el final de los 1980 él fue uno de las estrellas del baseball. Lanzó para los San Diego Padres y después para los San Francisco Giants. Su futuro parecía brillante mientras ganaba juego tras juego.

Entonces sucedió. Un extraño dolor en su brazo izquierdo. Tuvo un examen. Luego una biopsia. Era cáncer. Así de simple, su carrera parecía en riesgo. A la cirugía le siguieron meses de rehabilitación. Después practicó en las ligas menores. Para luego suscitarse su gran retorno. Cinco días más tarde lanzó en Montreal. Nadie que haya visto el video podrá olvidarlo. Arrojó una bola, y su hueso debilitado se quebró. Tras esta vez no habría otro regreso.

Varios meses más tarde los médicos le removieron el brazo izquierdo y parte del mismo hombro. Fue la única manera de poner fuera de peligro el resto de su cuerpo de una vez por todas. Luego de la cirugía él dio un breve agradecimiento agradeciendo a sus abundantes amigos e hinchas que le brindaron amor y oraciones. Mencionó que deseaba una vida libre del dolor.

Un Contratiempo Temporal

No pasó demasiado tiempo para que él hablara en una convención realizada en la ciudad de Orlando. Sus palabras fueron dadas a conocer por periódicos y canales televisivos por todo el país. Para Dave Dravecky, la amputación fue sólo "un contratiempo temporal". Dijo que pensaba nadar y jugar golf ahora que ya no podría jugar baseball. También planeaba continuar dando conferencias alrededor del país.

En momentos que muchos otros estarían hundidos en lástima por sí mismos, Dave Dravecky miraba hacia el futuro. "No tengo el problema de sentir compasión por mí mismo. La pregunta no es, ¿Por qué a mi Dios?" Entonces respondió a su propia pregunta diciendo: "Veo esto como la oportunidad que Dios me da para que comparta el evangelio con muchísimas personas".

Muchas lecciones positivas pueden derivarse de su ejemplo. Para nuestros propósitos, indicaremos una en particular: Nadie, ni siquiera un "hombre poderoso" como Dave Dravecky dirige sus propios pasos. ¿Quién escogería tener cáncer y perder un brazo? La senda de Dave Dravecky fue trazada por el Señor. Es completamente un asunto de Dios que Dave comprenda que lo sucedido y la subsiguiente publicidad, glorifican a Dios bajo circunstancias que hubieran amargado a muchos otros.

"Cada Día Oro, 'Hágase tu Voluntad'"

Ahora escribo acerca de otro hombre –no tan conocido como Dave Dravecky– pero un "hombre poderoso" a su propia manera. Por muchos años se ha destacado entre los mejores de su profesión. No sé su salario, pero estoy seguro que es bien compensado por sus labores. Hace poco cenamos juntos. Su prosperidad externa es sólo una parte de su historia. Durante su vida ha sabido más que suficiente lo que significa dolor y pena. La tragedia le golpeó una y otra vez. Él es alguien extrovertido y amigable, y uno se siente cercano a él inmediatamente; pero mirando de cerca de sus ojos, hay pesares en ellos. Sobrelleva pesadas cargas que únicamente sus amigos conocen.

Precisamente ahora está en el medio de una conmoción en su lugar de trabajo. Los detalles no interesan. Pero cada día encara la realidad de ir a su trabajo sabiendo que sus superiores no aprecian sus contribuciones a la firma. Es una verdadera lucha levantarse, ir al trabajo y mantener una sonrisa en la cara.

Parecía bien distendido cuando cené con él. ¿Cómo lo hace? Un gran cambio atravesó su vida durante los últimos días. Es un cambio interior, una cambio que cambia la percepción de las cosas. "Pastor, he estado luchando, luchando y luchando. He intentado hacer solucionar estos asuntos. He intentado lograr mejores resultados. He esperado el momento oportuno, y jugado mis cartas una por una, pero nada ha funcionado. El Señor finalmente me dijo: "¿Por qué no me involucras en este asunto?" Así que lo hice, coloqué en las manos del Señor todo para que Él se encargara. Nada cambió en la oficina. Las cosas van de mal en peor. Ellos quieren hacerme la vida miserable. Pero eso no es lo que más importa. Yo puse todo en las manos del Señor, lo que significa que no tengo que calcular los detalles de lo que irá a suceder en el futuro". Entonces dijo, "ahora me relajaré". Él es un buen hombre en un lugar duro. Pero usted no lo sabría con simplemente verlo. De alguna forma él comprende lo que orar diciendo, "hágase tu voluntad" implica rendir la vida misma. Mi amigo tuvo que aprenderlo de la misma manera que todos nosotros necesitamos aprenderlo, mediante las duras experiencias.

Mientras caminábamos de regreso a su automóvil, me dijo, "Cada día oro esta simple oración, 'hágase tu voluntad'". No tengo dudas de porqué tiene una sonrisa en su rostro. Es difícil pronunciar esa oración debido a que implica entregar el control de la vida misma. Claro que, esto para nada significa que su vida quedará fuera de control. Sencillamente significa que su vida quedará bajo el control de Dios.

Razón # 2
"Hágase tu voluntad" es difícil de orar porque con frecuencia dudamos que Dios quiera lo mejor para nosotros

Hay una segunda razón por la cual esta es una oración difícil de orar. Si bien el primer motivo trató de nuestra voluntad, el segundo se relaciona con nuestra mente. La primer razón fue práctica; la segunda es teológica. Seguido pensamos que si le entregamos el completo control de nuestra vida ha Dios, Él, de alguna manera irá a desordenar todo en ella. No lo decimos en voz alta tal cual, pero esa es la manera en que lo sentimos.

En más de una ocasión he oído a personas decir, "Ore por lo opuesto de lo que usted quiere, ya que Dios siempre da lo opuesto a lo que uno le pide". Nos reímos al leer esto porque parece ser absurdo. Pero mucho interiormente se preguntan si no será cierto. Todos hemos experimentado la frustración de las oraciones no respondidas. Posiblemente se trató de pequeños asuntos –como un vestido para la salida del sábado en la noche. Quizá rogó por un perrito de raza. Quizá fue que le pidió al Señor que le abriera la puerta en cierta universidad, o tal vez se trató de algo realmente grande –como las oraciones en la cabecera de un ser amado, una oración por un hijo rebelde o por un matrimonio deteriorado. Cuando Dios no responde nuestras oraciones, o cuando no las responde de la manera que nosotros queríamos que lo hiciera, ¿acaso no somos tentados a pensar que Dios da lo opuesto a lo solicitado?

¿Sabe Dios Mi Nombre?

Nuestro mayor problemas no es, ¿será que Dios existe? Virtualmente todos acordamos que la respuesta es, sí. Aún las personas que nunca asisten a la iglesia y aquellos que se consideran a sí mismos como irreligiosos responderían que Dios sí existe. Esta es la mayor pregunta: ¿Existe un Dios en los cielos que se interesa por mí? Millones de individuos, incluyendo millones de aparentes fieles feligreses, secretamente se preguntan si la respuesta a eso pregunto tal vez sea, no. Un Dios que está en lo algo, sí. Un Dios que se importa por mí, tal vez no.

Tal vez algunos se pregunten si esto no revela algún grado de esquizofrenia. ¿Cómo pueden responder que sí a una pregunta y que no, o quizá no a la otra pregunta? Di Dios existe, seguramente se interesa por mí. Si Dios no se interesa por mí, ¿a quién le importa si existe o no?

Pero esas dos preguntas pertenecen a dos niveles distintos. La existencia de Dios se relaciona primordialmente con un cuestionamiento mental o lógico. Es un asunto filosófico. La pregunta acerca del interés de Dios es un asunto enteramente distinto. Muchas veces es preguntado por quienes han sufrido dolores profundos. Para ellos la pregunta es muy personal: "Si Dios se interesa por mí, ¿cómo pudo permitir la muerte de mi hijo? O ¿por qué Dios no impidió que le dispararan a mi padre?" Estos no son cuestionamientos abstractos acerca de la primera causa o el argumento del diseño. Son preguntas que emergen desde la profundidad de horrendas desesperaciones.

INCLINÓ SU CABEZA Y MURIÓ

Existen diversas respuestas a la pregunta, ¿se interesa Dios por mí? Pero hay una que en verdad importa. La que Dios mismo dio hace unos dos mil años atrás en la cima de una montaña en las afueras de las murallas de Jerusalén. En un caluroso viernes por la tarde los romanos crucificaron a un hombre que penaba era un agitador judío. Sólo después llegarían a comprender quien era él realmente. Su nombre fue Jesús. Él venía de una pequeña ciudad de Galilea llamada Nazaret. Comenzó su ministerio predicando en la sinagoga. Mientras iba de una villa a otra, su fama se extendió hasta que miles llegaron para oírle. En cierto momento las autoridades en el poder llegaron a considerarle una amenaza, por lo que decidieron eliminarlo. Le tomó largo tiempo atraparlo, pero finalmente lograron atraparlo con la ayuda del circulo íntimo.

Una vez bajo arresto, fue interrogado, golpeado, recibió burlas, insultos, maldiciones, abusos, latigazos, y una corona de espinas. Eventualmente fue condenado a muerte. Durante seis horas colgó de una cruz –desnudo ante el mundo, expuesto a los elementos, insultado por la multitud, burlado por sus enemigos, y lamentado por quienes le amaban. Sobre el final, luego de sufrir dolores extremos, inclinó su cabeza y murió.

Su Nombre es Padre

Luego de todo esto, Dios dice: "¿aún te preguntas si te amo?"

Para algunas personas, ni siquiera la muerte del Hijo de Dios es suficiente. Pero si eso no es suficiente, no hay nada más que Dios pueda hacer que llegue a ser suficiente. Porque si alguien da a su propio hijo a la muerte, ¿será que retiene algo más para dar?

El dinero es nada comparado con un hijo.

Por eso es que las palabras cruciales en la oración modelo son la frase: "Padre nuestro que estás en los cielos". Cuando llamamos a Dios *Padre* estamos reconociendo lo que Él hizo en la cruz al entregar a su propio Hijo. *Padre* no es una palabra para usar livianamente mientras oramos. Es de lo que se trata la oración cristiana. Dios es digno de ser llamado "Padre" precisamente porque Él hizo lo que un buen padre debe hacer –sacrificó lo mejor que tenía para el beneficio de sus hijos.

Al mirar la cruz, mis dudas se esfuman. Mire al Hijo de Dios. Reflexione en el significado del Gólgota. ¿Quién es el crucificado en el madero del Calvario? Su nombre es Jesús? Examine su rostro. Vea las heridas en sus manos, sus pies y su costado. ¿No fue por usted que Él murió? ¿Todavía mantiene dudas de si Dios le ama?

Esa es la segunda razón por la cual esta oración es difícil. Muchos de nosotros dudamos que Dios realmente se importe por nosotros. La tercer razón nos mueve a una arena completamente distinta.

Razón # 3
"Hágase tu voluntad" es difícil de orar porque la voluntad de Dios en ocasiones involucra sufrimiento y dolor

Este punto fue cierto para Jesús. La escena de Jesús dándoles a sus discípulos una oración modelo, a cambiado a un jueves por la noche. Es tarde –tal vez las 10:30 u 11:00 PM. El Señor se retira a su lugar favorito, el huerto de olivos en Getsemaní. Dejando a Pedro, a Santiago y a Juan detrás, batalla en oración con lo que irá a suceder. Él sabe mediante su conocimiento omnisciente que el tiempo de su muerte ha llegado. Todo está revelado, nada encubierto. Fue para este momento que él vino al mundo. Nada le tomará por sorpresa, no el beso de traicionero de Judas, ni las burlas de Caifás, como tampoco la curiosidad de Pilato. La pena, el dolor, y la angustia, todo está claro para él como si ya hubiera sucedido.

Más que nada ve la oscuridad. El pecado como una tormenta amenazante se cierne sobre él. ¡Pecado! La misma palabra le es repugnante. El pecado en toda su fealdad, toda la vileza y toda su fuerza putrefacta, ahora aparece frente a él. Es como si una cloaca gigante estuviera abierta, y el terrible contenido se vertiera sobre él. Todos los males que los hombres puedan cometer, toda suciedad de incontables atrocidades, la escoria de la raza humana, ¡todas las iniquidades de cada hombre y mujer desde el principio de los tiempos!

Tan pronto como Jesús ve la copa llena de suciedad humana acercándosele, retrocede de horror. Estas son sus palabras: "Padre mío, si es posible, no me hagas beber este trago amargo. Pero no sea lo que yo quiero, sino lo que quieres tú" (Mt. 26:39). Estas no son palabras de incredulidad. Son palabras de fe. Son las palabras de un hombre que comprende cabalmente el precio de hacer la voluntad de Dios.

¿Fue incorrecto para Jesús orar de esta manera? ¿Revela en alguna forma su falta de confianza en Dios? Pienso que no. Nunca alguien ha estado más comprometido con cumplir la voluntad de Dios. Él no oró porque quería desentenderse de la voluntad de Dios. Oro porque sabía el altísimo precio personal que le costaría el hacer la voluntad de Dios. Estaba dispuesto a pagar el precio, pero en el horror de ver la copa del sufrimiento acercarse, preguntó si se le podría ser quitada.

Si Jesús en los momentos extremos luchó acerca la voluntad de Dios, ¿deberíamos sorprendernos si nos pase igual a nosotros? Si fue difícil para el mismo Jesús ora "hágase tu voluntad", ¿es posible que sea más sencillo para nosotros? Jesús fue la primera exposición de lo que significa orar, "hágase tu voluntad". Costó su vida. Al saberlo entendemos su lucha en Getsemaní.

LA IGLESIA SUBTERRÁNEA

Hace algunos años, la revista *Selecciones* publicó un artículo titulado "La atrevida fe subterránea de la China" (Agosto 1991, pp. 33-38). Cuenta la historia del pastor Lin Xiangao, uno de los líderes del movimiento de la iglesia subterránea en China. Cuando los comunistas tomaron el poder en 1949, la mayoría de los trabajadores cristianos huyeron del país. Al pastor Lin le ofrecieron una congregación segura en Hong Kong pero el rechazó la propuesta, prefiriendo permanecer en el Cantón con su gente. Ya había rumores de ejecuciones masivas, pero el pastor Lin se quedó porque "sentí que fue mi deber padecer por causa del Señor".

El llamado a su puerta llegó en 1955. Fue encarcelado por dieciséis meses, puesto en libertad, encarcelado nuevamente, y colocado en varios campos de trabajo forzado hasta 1978. Enseguida, una vez fuera, reanudó su actividad ministerial, fundando una congregación de cientos de personas. Ahora iremos rápido hasta 1990.

Durante un servicio vespertino el 22 de Enero de 1990, la policía irrumpió en la pequeña casa de Lin. Confiscaron todas la Biblias y los tratados escritos a mano, tanto como los himnarios, cassetes y grabadoras, un órgano y un mimeógrafo. También retuvieron su lista de miembros.

Los oficiales del gobierno advirtieron a sus seguidores que no asistieran a los servicios, y a él le ordenaron de dejara de predicar. Por un tiempo acató la orden. Pero luchaba interiormente y finalmente se sintió llamado a predicar nuevamente. Mientras él reanudaba su ministerio, la policía le interrogó numerosas veces. A todas las demandas Lin respondió, "he pasado veinte años en sus prisiones. Ya no le temo a nada más".

Él autor del artículo termina su historia de esta manera:

> Mientras dejaba la casa de Lin Xiangao, le pregunté si pensaba que sería encarcelado nuevamente. "Quizá", respondió. "Pero somos cristianos y las dificultades, nos acercan a Cristo". Hizo una pausa por un momento y luego agregó simplemente, "Ore por nosotros". (pag. 38).

No permita que la última frase se le escape. "Somos cristianos y las dificultades nos acerca a Cristo". Este es un hermano que comprende lo que significa orar, "hágase tu voluntad". Él sabe cuán difícil es, no obstante, ha hecho la oración. Jesús lo sabía. El pastor Lin lo sabe. Benditos sean quienes sabiéndola, oran así de todos modos.

Razón # 4
"Hágase tu voluntad" es difícil de orar porque es una oración en contra del status quo

La voluntad de Dios raramente es realizada sobre la tierra. Demasiadas cosas que suceden no son obviamente la voluntad de Dios. Abortos…, niños abandonados…, hogares rotos…, pornografía rampante…, gente muriendo de hambre…, mujeres sufriendo frío…, niños vistiendo harapos…, prejuicios raciales…, odios étnicos…, asesinos en serie sueltos…, corrupción en las altas cúpulas, etc.

En ocasiones parece como si Dios haya ido a dormir y Satanás tomado el control. Ahora considere la siguiente oración cuidadosamente: *Dios no acepta el status quo.* Dios no acepta que su justo lugar sea usurpado en este el mundo por parte de Satanás. Él no acepta que el pecado reine por siempre sobre la tierra. Él no acepta que los asesinatos se perpetúen por siempre. Dios no se sienta vagamente a mirar cómo el mundo se arrastra hacia el infierno.

¡Dios no acepta el status quo!

De hecho, él envió a su propio Hijo al mundo para cambiar el status quo. Aquello que los profetas no lograron mediante sus palabras, su Hijo logró mediante la encarnación. En Belén Dios envió un mensaje al mundo: "las cosas cambiarán".

Si las cosas estuvieran bien, ¿por qué hubiera Dios necesitado enviar a su Hijo? Pero las cosas no estaban bien, estaban mal, extremadamente mal, y poniéndose peor a medida que el tiempo transcurría. Por lo tanto Dios intervino en la historia humana en la manera más dramática posible.

No a la Resignación Santa

Orar "hágase tu voluntad" es seguir a Dios en oposición al status quo. Esta oración va contra la corriente. En medio de un mundo donde la voluntad de Dios no es hecha, nosotros oramos que la voluntad de Dios sea hecha. Son palabras de confrontación, palabras que se revelan contra la maldad sobre la tierra. En la mayoría de las ocasiones que oramos, "hágase tu voluntad", lo hacemos con un aire de resignación: "Oh Dios, ya que no puedo cambiar estos eventos, qué se haga tu voluntad". A veces la usamos como una excusa para escapar al enojo y el sufrimiento a nuestro alrededor.

¡Si Dios no acepta el status quo, tampoco debiésemos hacerlo nosotros!

Permítame decirlo lisa y llanamente: Orar, "hágase tu voluntad", ¡es un acto de rebelión ordenado por Dios! No es una oración para los débiles o los temiduchos. Esta es una oración para los mete líos y los agitadores. Es una oración para los creyentes que ven la devastación alrededor y dicen, "Me enfurece, no voy a soportar todos esto con los brazos cruzados".

Es una oración, que, necesariamente orienta hacia la acción. Si usted ve cometer injusticias, no puede orar con descuido, "hágase tu voluntad" y luego alejarse. Si realmente ora "hágase tu voluntad", usted se lanza al escenario para hacer que suceda.

Nunca lo Sabrá Hasta que no lo Entregue

Permítame resumir todo lo que he dicho en el presente capítulo: "hágase tu voluntad" es una oración difícil. Hay por lo menos cuatro razones para asegurarlo:

1. "Hágase tu voluntad" es difícil de orar porque significa perder el control de su vida.
2. "Hágase tu voluntad" es difícil de orar porque con frecuencia dudamos que Dios quiera lo mejor para nosotros.
3. "Hágase tu voluntad" es difícil de orar porque la voluntad de Dios en ocasiones involucra sufrimiento y dolor.
4. "Hágase tu voluntad" es difícil de orar porque es una oración del status quo.

Cada uno de estos puntos es cierto. Sin embargo, de todos modos, Jesús no ordenó orar así.

No está mal el tener luchas con esta oración. Después de todo, Jesús mismo batalló con ella. No obstante, a través de los años, he aprendido que las personas más felices son aquellas que han aprendido a decir, "he decidido rendir todo y permitir que Dios guíe mi vida". Así que muchos de nosotros vamos por la vida forcejeando primero, tratando de mantener el control sobre lo incontrolable, tratando de dominar las circunstancias e intentando hacer funcionar nuestros planes. Nos agarramos fuerte a todo lo que valoramos, a nuestra carrera, a la reputación, a la felicidad, a la salud, a los hijos, a la educación, a la riqueza, a las posesiones, aún a nuestros compañeros. Aún nos agarramos a la vida misma. Pero estas cosas a las que nos aferramos nunca, realmente, nos han pertenecido. Siempre han pertenecido a Dios. Él nos las prestó a nosotros, y cuando el tiempo llegue las tomará de regreso.

Felices aquellos que se aferran a las cosas que valoran altamente. Más felices aún aquellos que han dicho, "Muy bien, Señor, te las entrego. Voy a descansar ahora y permitir que tu me lleves".

¿Con qué esta usted luchando ahora mismo? ¿Qué está reteniendo con tanta fuera que las manos han comenzado a dolerle? ¿Qué es lo que teme entregarle a Dios? De todos modos, usted será mucho más feliz cuando diga, "hágase tu voluntad" y abra sus puños apretados. Pero nunca lo sabrá hasta que no lo entregue.

C. S. Lewis dijo que existen dos tipos de personas en este mundo, y únicamente dos tipos: aquellas que dicen, "hágase tu voluntad" y aquellas a quienes Dios les dice al final, "tu voluntad sea hecha". ¿En cual categoría se encuentra usted?

UNA ORACIÓN SENCILLA

A continuación le presento una oración que le ayudará a las cosas con las cuales está luchando:

> *Oh Señor, hágase tu voluntad,*
> *nada más,*
> *nada menos,*
> *ninguna otra cosa.*
> *Amén.*

Como siempre, quienes oramos esta oración somos llamados por Dios a formar parte de la oración. Oraremos, "hágase tu voluntad" y después veremos que la voluntad de Dios *es* hecha en nuestras vidas.

Hágase tu voluntad...
en mi vida
en mi familia
en mis finanzas
en mi carrera
en mis hijos
en mis sueños futuros
en mis palabras
en mis amistades
en mi mundo.

Cuando oramos de esta manera, Dios siempre estará dispuesto a respondernos. La respuesta tal vez no sea la que queremos o lo que esperamos, pero siempre *se hará*, y no nos arrepentiremos de haberla pedido. Lo mejor de todo, cuando oramos de este modo, es que estamos haciendo nuestra pequeña parte para hacer de la tierra un lugar más como el cielo y menos como el infierno.

Preguntas para el Estudio Personal o de Grupo.

1. ¿Ha enfrentado usted uno de esos momentos desesperantes en que no logró orar? ¿Podría pensar en un momento en el cual tuvo miedo de orar, "hágase tu voluntad" porque temía la respuesta de Dios?

2. ¿Qué significa decir que la voluntad de Dios es raramente realizada en la tierra? Explique su respuesta.

3. ¿Por qué piensa usted que Dios escogió a Dave Dravecky para pasar por semejante experiencia? ¿Qué nos enseña su ejemplo?

4. ¿Mostró Jesús falta de confianza en Dios cuando oró en Getsemaní? Si su respuesta es no, entonces, cuál es el significado de "si fuera tu voluntad, pasa de mí esta copa?"

5. ¿Qué siente acerca de la oración, "Dios no acepta el status quo?" ¿En

qué sentido la oración de "hágase tu voluntad" es un acto de rebelión ordenado por Dios en contra de la maldad de este mundo?

6. ¿Qué les sucede a las personas que se oponen a orar, "hágase tu voluntad"?

PROFUNDIZANDO

Cuando usted ora, "hágase tu voluntad", está pidiendo que el control de su vida pase al control de Dios. Piense acerca de las últimas veinticuatro horas. ¿Quién ha estado en control –usted o el Señor? ¿Cuáles son las señales que evidencian que usted ha tratado de mantener el control de su vida? Circule las palabras que se aplican a usted: irritable, ansioso, miedoso, enojadizo, hiperactivo, retraído, motivado, compulsivo, crítico, hipersensible, perfeccionista, sobrecargado, preocupado. Pase algún tiempo rogándole al Señor que lo libere de la necesidad de siempre esta en control.

Pruebas Feroces

En abril 5 de 1943 Dietrich Bonhoffer fue arrestado y puesto en prisión por la Gestapo por resistir al régimen nazi en Alemania. Por varios años él había hablado en contra de los nazis, hasta que eventualmente, le capturaron. Mientras él veía caer a su país en el abismo, sentía que no le era posible permanecer en silencio. Dos años después, a tan sólo unas semanas de la culminación de la segunda guerra mundial, se encontró en el campo de concentración Buchenwald, encarando la sentencia de muerte. El domingo 8 de abril, dirigió un servicio para otros prisioneros. Enseguida después de la oración final, la puerta se abrió, y dos civiles entraron. "Prisionero Bonhoffer, venga con nosotros", le dijeron.

Todos sabían lo que aquello significaba, –la horca. Rápidamente los demás hombres se despidieron de él. Un prisionero inglés que sobrevivió la guerra describió así aquel momento: "Él me tomó aparte [y dijo]: 'Este es el final; pero para mí es el principio de la vida'". El siguiente día fue ahorcado en la prisión Flossenburg. El doctor de las SS que presenció su muerte le llamó valiente, compuesto y devoto hasta el mismo final. "A través de la puerta entreabierta vi al pastor Bonhoeffer aún en su ropa de prisionero, arrodillado en ferviente oración al Señor su Dios. La devoción y la evidente convicción de ser oído, que noté en la intensidad de la oración de este hombre cautivante, me conmovió en lo más profundo".

"Este es el final; pero para mí el comienzo de la vida". ¿Qué hace hablar así a un hombre que enfrenta una muerte segura? ¿Dónde encontrar fe para momentos como aquel? Personas así son las que han descubierto la "esperanza viva" (1 P. 1:3) que va más allá de la tumba. ¿Cómo más explicarlo?

PORQUÉ DIOS ENVÍA PRUEBAS

El periodista británico Malcolm Muggeridge, quien se convirtió en cristiano antes de su muerte, dio sobre el final de su vida, "Contrariamente a lo que debería esperarse, miro atrás las experiencias que parecieran ser especialmente dolorosas y desoladoras con particular satisfacción. De hecho, todo lo que he aprendido, todo lo que verdaderamente ha mejorado e iluminado mi existencia, ha sido a través de las aflicciones en vez de la felicidad".

Cada persona reflexiva se ha preguntado porqué Dios envía pruebas a sus hijos. Usted no vive demasiado hasta que esta pregunta arrebata su atención. Pudiera tratarse de una enfermedad crítica, la muerte de un ser amado, la ruptura de un matrimonio, dificultades con sus hijos, una temporada de depresión, problemas financieros, o un tiempo de intensa persecución por causa de su fe. Estas cosas nos suceden a todos tarde o temprano. Si usted nunca ha considerado porqué suceden estas cosas, debería hacerlo.

Cuando nos volvemos a la Biblia, encontramos diversas perspectivas que nos ayudan a comprender porqué las pruebas llegan a los hijos de Dios. Primera de Pedro 1:6-7 nos ofrece un conjunto importante de ideas que debemos considerar: Esto es para ustedes motivo de gran alegría, a pesar de que hasta ahora han tenido que sufrir diversas pruebas por un tiempo. El oro, aunque perecedero, se acrisola al fuego. Así también la fe de ustedes, que vale mucho más que el oro, al ser acrisolada por las pruebas demostrará que es digna de aprobación, gloria y honor cuando Jesucristo se revele." Este pasaje no responde a toda pregunta que podamos tener respecto a las pruebas, los problemas y los sufrimientos de la vida. Ningún texto en particular puede hacerlo. Pero provee un contexto crucial para ver la mano de Dios operando en los peores momentos de la vida.

Antes de entrar a examinar el texto, notemos dos elementos claves. El primero es la palabra "pruebas" al final del versículo 6. Es la palabra griega *peirasmos*, un vocablo frecuente en el Nuevo Testamento. Significa "examen", "prueba" e incluso "tentación". Dependiendo del contexto puede tener una connotación positiva o negativa. Cuando teníamos "exámenes" en la escuela, los aprobábamos o los reprobábamos. Lo mismo es cierto acerca de los exámenes de la vida. Dios *nos envía esas pruebas para que se nos revele lo que hay en nuestros corazones.* El mismo evento podría ser simultáneamente una prueba y una tentación. Lo que significa que, podría haber sido enviada por Dios a nosotros y, también podría ser una ocasión para que Satanás no tiente. Todo depende de cómo respondamos.

Cuando llegan los problemas…

• Podríamos volvemos a Dios en oración, o nos amargamos más.

• Podríamos volvernos tranquilos y reflexivos, o comenzar a quejarnos.

• Podríamos tornarnos tiernos y compasivos, o rígidos y crueles.

• Podríamos aprender a confiar en Dios, o rebelarnos en su contra.

• Podríamos tomar coraje, o rendirnos al miedo.

• Podríamos acercarnos a Dios, o alejarnos de Él.

En cada uno de los casos es el mismo evento, pero con resultado muy diversos. Todo depende de nuestra reacción.

La segunda palabra viene del inicio de versículo 6: "es para ustedes motivo de gran alegría". Tomemos raíz de la palabra *gran alegría* [que aparece como *gozo* en otras versiones], para examinarla por un momento. ¿Qué es gozo? Sin lugar a dudas es una palabra difícil de definir. Sabemos que gozo y alegría no son la misma cosa. El estado de felicidad depende de las emociones del momento. Mientras que gozo es un estado más profundo puesto que proviene de Dios. Anoche mientras consideraba este asunto, vino este pensamiento a mi mente: gozo proviene de satisfacción con Dios. Cuando estamos satisfechos con Dios, tendremos gozo aún en los momentos más difíciles de la vida. G. K. Chesterton llamó al gozo "el secreto gigante de la vida cristiana". Gozo, dijo, está siempre en el centro para los cristianos; las pruebas pertenecen a la periferia de la vida. Coloqué estas ideas juntas de la siguiente manera: *Gozo es la habilidad de encarar la realidad –el bien y el mal, lo alegre y lo triste, lo positivo y lo negativo, lo mejor y lo peor– porque estamos satisfechos con Dios.*

Visto bajo esta luz, no existen contradicciones entre gozo y pruebas. Están juntas.

Primera de Pedro 1:6-7 nos enseña cuatro verdades importantes acerca de las pruebas de la vida.

Verdad # 1
Nuestras pruebas son breves

Pedro inicia por asegurarle a sus lectores que sus pruebas durarán tan sólo "por un tiempo" (v. 6). Por supuesto que, "por un tiempo" parece durar una eternidad cuando estamos en el horno. Un domingo por la mañana cuando le pregunté a un hombre cómo se encontraba, sacudió su cabeza y dijo, "las cosas se están deteriorando". Le dije que debería poner atención al sermón porque sería acerca de lo breve de las pruebas. Sonrió y dijo, "a mí no me parecen breves". Todos comprendemos eso. Cuando te sientas a la cabecera de un ser amado en el hospital, el tiempo parece no pasar nunca. Cuando su matrimonio esta templando o sus hijos tienen problemas o usted pierde el trabajo y no puede pagar sus cuentas, las pruebas parecen durar por siempre. ¿En qué sentido quiso decir Pedro que eran "por un tiempo?"

La repuesta es que todo en esta vida es breve comparado con la eternidad. Todo depende de la perspectiva. Si digo que conozco a un hombre que puede aguantar el aire por un buen rato, me refiero a dos o tres minutos. Eso es un buen rato en cuanto a retener la respiración refiere. Pero si alguien dice, "pastor Ray, usted ha estado en Calvary [Iglesia el Calvario] por un buen rato", la persona hacer referencia a que ha estado aquí durante quince años. Eso es bastante tiempo para un pastor en estos días. Nuestras pruebas podrían durar por semanas, meses o años, y a veces por décadas;

pero vistas a la luz de la infinita eternidad, en comparación, aún las peores pruebas son vistas como breves. Nuestros problemas son un tipo de miopía que ve al mundo "real" y considera a la eternidad como nada en comparación. Dios nunca nos pide que neguemos la dureza de la realidad. Nos pide que tomemos esta perspectiva durante el sufrimiento.

Una sabio pastor amigo escribió recientemente que su responsabilidad no es sólo ayudar a la gente para que vivan bien sino a que vivan con una gran expectativa de los cielos. "Se trata de preparales para morir bien, expectantes de los cielos en vez de pesares. Él fue para acerca de un hombre que murió mientras le instalaban un marcapaso, y el médico cortó una arteria sin saberlo. Todo cambió con el pinchazo de un cable. Mi amigo dice que él ha estado pensado más seguido al respecto ahora que él esta cerca de los cincuenta, y ve a otros amigo de su edad (y aún más jóvenes) comenzar a morir.

Cuando somos jóvenes, la muerte parece algo teórico, y aún cuando sucede, todavía parece ser algo remoto a nuestra experiencia. Mi amigo habló sobre un niño de nueve años de edad en su congregación, quien tenía cáncer cerebral. La quimo terapia no funcionó, y pronto le aplicaron radiaciones. Su visión se está debilitando. "Cada vez que lo veo, o pienso en él, considero mi ministerio para con él, y al menos que el Señor intervenga, consiste en ayudarle a morir con gozo y anticipación por Cristo. Se trata de ayudar a sus padres a que comprendan que dejar esta vida, no es pérdida sino ganancia". Mi amigo habla palabras que vienen del corazón de Dios. La vida es demasiado poco para todos nosotros al compararla con la eternidad. Aún en la peor de nuestras pruebas, podemos regocijarnos, puesto que no durarán por siempre.

Verdad # 2
Nuestras pruebas son necesarias

Note cómo pedro remarca: "...si es necesario, tengáis que ser afligido en diversas pruebas" (RVR 60). Literalmente, en el idioma griego dice así: "si fuera necesario por un poco de tiempo". Pedro no está seguro de cuánto tiempo durará el sufrimiento, pero sabe que el necesario ese sufrimiento.

Por períodos prolongados o breves, los tiempos de prueba les llegan a todos los creyentes. Esos tiempos difíciles vienen de diferentes maneras. En cierta ocasión cuando dije esto una voz desde el fondo del santuario dijo, "¡amén!", y luego una y otra vez. Esos tiempos llegan a todos los creyentes. Ningún cristiano está exento de las pruebas. Algunos tienen más, y otros menos, pero todos compartimos las "diferentes pruebas" que menciona Pedro. Dichas pruebas son necesarias para ayudarnos en nuestro crecimiento espiritual. Debido a eso fue que Martín Lutero llamó a las pruebas "el mejor libro de mi biblioteca". George Whitefield declaró, "Dios puso espinillas sobre nuestras camas para mantenernos despiertos y velando". Quizá ese fue el motivo por el cual usted no pudo dormir anoche. Esas pruebas son indicativas de que le pertenecemos al Señor.

Mientras escribo estas palabras mi amigo Catherine Faires está batallando con cáncer en sus ovarios. Luego de la primera ronda de tratamientos, el cáncer pareció haber retrocedido. Algunos meses después lo médicos le informaron que había regresado. Ella ha mantenido a sus amigos al tanto por medio del correo electrónico. Luego de leer su última actualización, hablé con ella por teléfono y ella me dio permiso para transcribir lo que había escrito: "Si mi historia puede ayudar a otros y traer gloria a Dios, eso es lo que quiero". Esto es parte de lo que escribió a sus amigos.

> Hace algunos días estaba oyendo radio y escuché una canción por Avalon llamada "testifica del amor". En mi congregación algunas veces la cantamos durante la adoración". Inmediatamente vi la línea, "mientras viva, testificaré del amor", desde una perspectiva totalmente distinta. Con recurrente metástasis en mis ovarios, las estadísticas me dan entre seis y ocho meses más de vida. Yo sé que "mientras viva" no va a ser muy largo (al menos que Dios intervenga) y hace que esa línea musical sea mucho más poderosa para mí.
>
> Cualquiera sea el tiempo que aún tenga para respirar, testificaré acerca de lo que Dios ha hecho por mí. Oh, casi olvido contarle que para mí "amor" parece algo nebuloso, así que la cambié por la palabra "Dios" mientras cantaba junto al radio. Con esto

quiero decir que hay muchos tipos de "amor" y yo quiero dejar claro lo que quiero decir. Una segunda idea, es que hay diversas ideas acerca de Dios y quizá debe especificar "el Dios de la Biblia", pero claro, con eso quitaría de ritmo la canción…

Esto es lo que Dios ha hecho por mí recientemente: el Señor ayer me dio una enfermera cristiana en el hospital quien me animó con su testimonio de la obra del Dios en su vida. Dios me da buenos amigos en mi vida a quienes puedo llamar y me visitan en el hospital. Dios ha usado esta enfermedad para ponerme nuevamente en contacto con amigos de estudio con quienes ya había perdido contacto hace varios años atrás. Desde que pasó el retiro para damas que realizara mi Iglesia, he estado recordando que Dios es mi primer amor, así que he estado escribiendo mi diario a "mi primer amor", lo que hace la idea de morir algo menos aterrador.

Alabado sea Dios por todos estos dones de su mano. Alabado sea Dios por mi participación en el sistema de retiro de la universidad estatal, la cual me provee un cheque para personas deshabilitadas y un excelente plan de cuidado médico. Por favor, continúen orando para que mi cuerpo responda de manera positiva a las nuevas medicinas, si bien mi cabello no se ha caído (como efecto secundario). Por favor, oren para que el Señor me llene de su Santo Espíritu para que yo pueda testificar del Señor. Gracias a todos y cada uno de ustedes.

Catherine.

Lo que acabo de presentarle de Catherine Faires es una prueba viviente de que usted puede confiar en Dios cuando su vida está en el filo de la navaja. Es sólo por la gracia de Dios que en el medio de las pruebas feroces ella puede escribir esto.

Verdad # 3
Nuestras pruebas son purificadoras

Hemos llegado al corazón del mensaje de Pedro. Las pruebas son similares a "El oro, aunque perecedero, se acrisola al fuego. Así también la fe de ustedes, que vale mucho más que el oro, al ser acrisolada por las pruebas demostrará que es digna de aprobación, gloria y honor cuando Jesucristo se revele" (v. 7). Note la pequeña frase "así también" en el texto. Circúlelo, subráyelo y coloréelo. Ninguna otra frase es tan esperanzadora ni tan necesaria. *Las palabras "así también" no dicen que nuestras pruebas tienen un propósito.* No suceden simplemente por casualidad o por algún raro destino. No son accidentes para los hijos de Dios. Todo sucede por algún motivo. Pese a que no veamos la razón, nuestra fe puede sobrevivir si nosotros sabemos que un existe verdadero propósito.

Pedro nos explica que Dios envía las pruebas para probar y purificar nuestra fe. La frase "digna de aprobación" traduce una palabra griega que significa poner bajo prueba algo para estar seguro que no fallará. Permítame Ilustrárselo. Cuando Chevrolet puso a prueba las camionetas de Ford, lo hacen para probar que las camionetas de Ford no pasaban la prueba. Pero cuando Chevrolet coloca sus propios camiones, lo hacen para mostrar que sus camiones sí pasan esa misma prueba. Así es con la palabra griega empleada aquí. *Dios pone a prueba nuestra fe por medio de tiempos difíciles, no para destruirnos, sino para demostrar que nuestra fe es genuina.* Note el contraste entre nuestra fe y el oro. ¿Sabía usted que se necesitan cuatro toneladas de oro bruto para producir medio kilo de oro puro? Durante el proceso de refinamiento el mineral bruto es calentado en un enorme horno hasta que pasa al estado líquido, los desperdicios sobrantes son retirados, quedando únicamente el oro puro en el fondo.

En los tiempos antiguos los orfebres sabían que estaban ante oro puro cuando podían verse reflejado en el metal. Eso mismo es lo que Dios intenta por medio de las pruebas. Él nos pone en el horno para quemar nuestra codicia, impaciencia, intemperancias, enojos, amarguras, odio, lujurias y egoísmos. Para la mayoría de nosotros, eso será un proceso que se efectuará durante todas nuestras vidas. Pero al final, la imagen de Jesús será formada en nosotros. He visto esto suceder una y otra vez en la vida de los santos sufrientes. "Juan, te pareces a Jesús para mí". "Sandra, puedo ver a Jesús en tu rostro".

Dios quiere probar que su fe es genuina, y las pruebas, son el mejor medio más confiable para probarlo. Quizá todos nosotros decimos ciertas frases que nos hacen sonar espirituales, pero la manera en que respondemos cuando la vida se desmorona a nuestro alrededor es lo que nos dice lo que en verdad creemos. Dios "prueba" nuestra fe, para nuestros seres amados y para el mundo que nos mira. Fuera de las cuatro paredes de la iglesia hay millones de personas que miran la manera en que vivimos. Ellos tal vez no entienden lo que creemos, pero nos miran desde la distancia para ver cómo respondemos a cuando llegan los tiempos difíciles. Pese a que no lo comprendan a cabalidad, son movidos profundamente por un creyente cuya fe permanece fuerte durante la tribulación. Ellos saben que nuestra fe es real, y eso les trae un paso más cerca de Jesús.

Así es como funciona:
• Pierde su dinero pero gana una fe desarrollada.
• Pierde su salud pero gana paciencia.
• Pierde su trabajo pero gana una fe resistente.
• Pierde un ser amado pero gana una fe sufriente.
• Pierde sus amigos pero gana una fe intrépida.

De este modo Dios saca triunfo de nuestra tribulación. Del pozo de la desesperación, Él nos levanta al pináculo de la fe. Los tiempos difíciles forman santos más fuertes. No existe otro camino.)Nuestro texto sugiere una verdad final acerca de las pruebas. Dios envía pruebas para probar que nuestra fe es genuina para que revele "que es digna de aprobación, gloria y honor cuando Jesucristo se revele" (v. 7). Normalmente cuando leemos palabras tales como gloria, honor y alabanza están relacionadas con el Señor Jesucristo mismo. Pero Pedro dice que nosotros ganaremos aprobación, gloria y honor. Eso mismo, el Señor nos presenta aprobación, gloria y honor sobre nosotros. Más precisamente, debido a nuestra fideli-dad durante las pruebas en esta vida, recibiremos alabanza, gloria y honor que pertenecen al Señor. Qué idea tremenda. Que escena increíble en los cielos, cuando los fieles santos sean coronados con gloria, alabanza y por nuestro Señor. Imagino a Jesús diciendo, "Padre, este es Mario. Él sufrió por mi causa y nunca negó mi nombre. Él es uno de los fieles". Mientras esas palabras sean pronunciadas, un basto festejo recorrerá el universo de la asamblea reunida. Así continuará uno por uno con aquellos que sufrieron en esta vida, aquellos que soportaron el ridículo, el odia, el martirio, y que revelaron y guardaron su fidelidad. Del mismo modo quienes sufrieron enfermedad con gozo, quienes perdieron sus posesiones pero mantuvieron la fe, quienes caminaron sendas duras pero nunca se rindieron, todos ellos serán reconocidos y honrados por el Señor.

Cuando Jesús finalmente aparezca, descubriremos lo que nuestras pruebas han logrado. Cosas que parecen inútiles e injustas serán vistas como instrumentos de la gracia de Dios. Cosas que pensamos que eran duras e incluso crueles, descubriremos que fueron templadas por la misericordia de Dios. Entonces diremos,

- "Él estuvo cercano cuando yo pensé que estaba distante".
- "Él fue fiel cuando yo no tuve fe para creer".
- "Él usó mis pruebas para desarrollar mi fe".
- "Él usó mi fe para animar a otros".

Ahora no vemos estas cosas claramente, pero en aquel día, todo estará claro. Mientas miremos hacia el camino dejado atrás, veremos que nada fue un desperdicio, que Dios supo lo que estaba haciendo.

Tres Pensamientos Finales

Antes de terminar este mensaje, a continuación tiene tres pensamientos conclusivos acerca de las pruebas que todos encaramos tarde o temprano en esta vida.

Debemos esperar los problemas.

Después de todo lo que soportó nuestro Señor hace dos mil años atrás, cómo podemos decir, "¡cómo es posible que esto me esté pasando a mí!" Es mucho mejor enfrentar las pruebas de esta vida con los ojos abiertos a la realidad, entendiendo que el sufrimiento el primer curso en el currículo de la Escuela de Crecimiento Espiritual.

Los problemas tienen la intención de acercarnos al Señor, no de alejarnos de Él.

Tan extraño como pueda aparecer, la verdad es que nuestros problemas son un signo del amor de Dios, porque si no nos amara, no nos disciplinaría (He. 12:4-11). Algunos de ustedes tal vez diga: "si ese el caso, parece que Dios me *quiere mucho*". Estoy seguro de que lo hace, y sus pruebas y lágrimas y la confusión que experimenta no invalidan Su amor por usted. C. S. Lewis remarca que Dios nos susurra en nuestros gozos pero que nos grita en nuestros dolores. Él llamó al dolor "el megáfono de Dios" para despertar al mundo dormido. Muchas veces Dios nos habla por medio del dolor debido a que no le escucharíamos de otro modo.

Los problemas tienen la intención de ser útiles y no desperdicios.

Nuestros tiempos difíciles no son fáciles, y en ocasiones, no terribles, pero aún así Dios puede usarlos para nuestro bien y para Su Gloria. Él intenta probar nuestra fe genuina por medio de la manera que respondemos a nuestras pruebas. Piénselo de este modo:

• Antes de nuestra prueba nuestra fe está *sin probar*.

• Luego de nuestra prueba, nuestra fe esta *mejorada*.

Una fe aprobada por Dios trae a Él más gloria. Aquí hay buenas noticias para todos nosotros.

• Dios no está buscando gente educada.

• Dios no está buscando gente rica.

• Dios no está buscando gente talentosa.

• Dios no está buscando gente bonita.

• Dios está buscando discípulos fieles, gente que ha pasado por las pruebas feroces, y que están estampados ante todo el mundo como: "Aprobados por Dios".

Mientras escribo estas palabras estoy seguro que varios de ustedes están pasando por situaciones de increíbles dificultades. ¿Qué le está diciendo Dios a usted?

• No va a durar para siempre.

• Es necesario para su crecimiento espiritual.

• Ha sido enviada para ayudarle, no para herirle.

Si usted se encuentra en el horno ahora mismo, sea optimista. *Es la ternura su Padre que le ha puesto aquí.* Un domingo un hombre me dijo que esta siendo "asado" por lo que le estaba sucediendo. De todos modos, él no parecía enojado. Él sabía que el dolor le ayuda a crecer y llegar a ser un nuevo hombre por la gracia de Dios. *Nada de valor será tomado durante el horno de la prueba.* Las cosas quitadas son aquellas que de todos modos no necesita.

Gozo y Tribulación

Regreso a las dos primeras palabras que mencioné al inicio de este capítulo: *pruebas (tribulación)* y *gozo*. Ahora podemos ver claramente cómo siempre las dos trabajan juntas.

La posición cristiana no es gozo, y luego pruebas, tampoco pruebas y luego gozo.

Es siempre gozo y pruebas, al mismo tiempo, trabajando juntas, mezcladas una con la otra, por lo cual tenemos gozo en medio de las tribulaciones, y en ocasiones, gozo a pesar de las tribulaciones. Por esto David dice en el Salmo 34:8, luego de mencionar sus temores y problemas, "Prueben y vean que el SEÑOR es bueno". De hecho, su misericordia permanece para siempre, pero la mayoría de nosotros únicamente descubrimos esta verdad durante el horno. Jesús viene a nosotros durante la extrema necesidad, y cuando más le necesitamos, él está allí.

Cuando los tiempos difíciles llegan, esto es lo que debemos decir:
* A pesar de todo, Señor, has tu obra en mí.
* A pesar de todo purifica mi corazón, has tu obra en mí.
* A pesar de lo que sea necesario para edificar mi vida, has tu obra en mí.
* A pesar de lo que sea necesario para hacerme como Jesús, has tu obra en mí.
* Si eso significa para por cierto tiempo en el "horno de la prueba", has tu obra en mí.
* Si eso significa pasar por pruebas feroces hoy y más mañana, has tu obra en mí.
* Señor, quiero que mi vida sea aprobada por ti, por tanto, has tu obra en mí.

Este es el llamado de Dios para todos nosotros. *Abrace la cruz que el Señor le está llamando a cargar.* Deje de luchar con Dios. Deje de quejarse. Deje de culpar a otros. *Abra su corazón para el gozo rebosante.* Algunos de nosotros nunca hemos descubierto este tipo de gozo porque luchamos con Dios durante nuestras pruebas. Pero gozo y tribulación, vienen juntas en el plan de Dios. No existe mayor gozo que aquel experimentado durante la prueba. No tema el costo del gran gozo. Humíllese bajo la poderosa mano de Dios. No resista Su obra en su vida, y Él le levantará.

Preguntas para el Estudio Personal o de Grupo

¿Qué diferencia hace para alguien que está muriendo de cáncer saber que su prueba es temporaria? ¿Es correcto decir eso ya que el sufrimiento no acabará para algunas personas hasta que lleguen al cielo?

¿Por qué es la esperanza una respuesta tan importante del cristiano al sufrimiento? Escriba por lo menos tres razones porque un cristiano puede tener esperanza aún en medio de grandes dificultades personales.

¿De qué manera cambiaría su vida si usted considerara las luchas de la vida como regalos de Dios con la intención de beneficiarles en vez de cargas que sobrellevar o castigos que soportar?

Dele una mirada a su lista de oración y selecciones la dificultad más dura que usted está enfrentando. Agradézcale a Dios de que su Espíritu está trabajando en esa situación de modo que usted ni siquiera imagina. Pídale a Dios que le dé gracia para esperar pacientemente por su respuesta.

Malcolm Muggeridge dijo que aprendemos más mediante el sufrimiento que por la felicidad. ¿Por qué eso es así?

¿Qué obstáculos nos mantienen al margen de abrazar las siete verdades al final de este capítulo? Está usted dispuesto a pedirle a Dios que quite esos obstáculos y abrazar su obra en su vida?

Profundizando

Una perspectiva popular hoy en día dice que el sufrimiento nunca es la voluntad de Dios para el cristiano. Algunos llegan tan lejos como para decir que aceptar el sufrimiento es una visión cristiana rebajada que deshonra a Dios, quien quiere que sus hijos siempre gocen salud, riqueza y prosperidad. ¿Cómo respondería usted a dicha visión? Haga una lista de personas cuya fe se ha fortalecido a través de los sufrimiento soportados.

FIDELIDAD EN EL HORNO

La palabra *mártir* tiene un sonido de antigüedad en ella. Pertenece a la época de Jesús y sus discípulos y a la iglesia perseguida que era arrojada a los leones en Roma. Algunos de nosotros hemos leído *Libro de los mártires,* por John Foxe, acerca de la persecución de los hijos de Dios a través de los siglos. Tal vez hemos oído respecto a los terribles sufrimientos en Sudan, de los cristianos secuestrados y vendidos como esclavos. Para la mayoría de nosotros la palabra *mártir* pertenece a otro tiempo y otro lugar. Parece remota de donde vivimos actualmente. Si pensamos así, estamos equivocados. Más cristianos fueron asesinados durante el siglo pasado que durante todos los siglos anteriores combinados.

Eso me lleva a realizar una pregunta: ¿Podría algo así suceder donde nosotros vivimos? ¿Podría cualquiera de nosotros ser llamado a pagar el máximo precio por motivo de nuestra fe? Nadie menos que una autoridad que Robert Coleman, autor de *The Master Plan of Evangelism* (El plan de evangelización) y profesor del Gordon-Conwell Theological Seminary, dice que la respuesta es sí. Él ve sufrimientos porvenir en las iglesias occidentales. Dice, "Es cuando cae la noche que podemos ver las estrellas. Dios nos ama demasiado como para dejarnos en la complacencia" (mencionado por John H. Armstrong en su artículo "Faithful Witness: The Relationship of Persecution to Our Faith, Part I", en Viewpoint, Enero-Febrero 2000, vol. 4, no. 1, p. 11). Pienso que Coleman está en lo correcto. Nuestros días de complacencia llegarán a un final pronto. No pienso que haya serias dudas al respecto. Nuestra cultura se está desmoronando, y la libertad que hemos gozado pasará con ella.

Únicamente tenemos que pensar en la controversia acerca de los matrimonios homosexuales. El mayor problema que enfrentamos es que no es "allá afuera", sino que es "aquí dentro", en las iglesias evangélicas donde hemos perdido una profunda sensibilidad hacia la verdad. Asistí a un banquete de libreros que destacaba una filmación del difunto Francis Schaeffer hablando respecto de colocarse de parte de la verdad en una era que venera la afluencia y la paz personal. Una vez más recordé el gran profeta que fue el doctor Schaeffer. Nos recordó cómo con frecuencia nuestras únicas preocupaciones somos nosotros mismos y nuestras familias. Predijo en la mitad de la década de los años setenta que la "sin razón" llegaría a ser lo razonable e incluso aceptado por la sociedad. Sus palabras han llegado a ser ciertas en nuestros días.

Luego hubo un breve filme sobre Edith Schaeffer, quien actualmente tiene noventa años. Con voz suave y baja dijo, "La única cosas que importa es la verdad". Ella está en lo cierto. *La verdad importa*. Debido a eso es que necesitamos conocer lo que Dios dice. Sé que vivimos en una era que se opone a los intelectuales, de todos modos, la verdad importa. Me percaté que en el movimiento evangélico hemos elevado a la experiencia personal casi tan alto como las Escrituras, pero la verdad importa. La verdad sobrepasa nuestra experiencia personal y se impone a nuestras opiniones personales. El debate actual respecto a los matrimonios del mismo sexo es un tema que demuestra el punto. Algunas iglesias prefieren que sus pastores no digan ni una palabra sobre un tema tan volátil. Pese a que tenemos la verdad que deja libre a los cautivos, tememos compartirla procurando evitar que alguien se ofenda. Esto es a lo que me refiero cuando digo que hemos perdido muchos nervios.

Decir, "así dice el Señor" en nuestra sociedad pluralista, declara que sólo existe un camino que lleva a Dios, es arriesgarse no sólo al ridículo público sino a la misma hostilidad. Quizá no esté tan lejos el día en que testificando a sus compañeros de clase o compañeros de trabajo o vecinos será considerado un crimen odioso. ¿Qué haremos entonces?

Actualmente muchos cristianos están orando fervientemente para que las iglesias de los Estados Unidos de América experimenten un avivamiento. ¿Qué sucedería si Dios nos avivara? John Armstrong responde de esta manera:

> Ponderando la cuestión, estoy personalmente convencido de que los cristianos deberíamos esperar un incremento de sufrimiento si Dios nos otorgara un genuino avivamiento. Dicho movimiento de Dios, por definición, equiparía a la iglesia para encarar días de maravillosas oportunidades espirituales. También pienso que está llegando a ser obvio que dicha oportunidad estaría ligada a increíbles dificultades personales. ("Faithful Witness: The Relationship of Persecution to Our Faith, Part I)

Tal vez usted a oído acerca de Tertuliano, el famoso abogado del segundo siglo que se convirtió al ver los cristianos cantando mientras marchaban hacia su muerte. No nos quedan dudas de porqué nos dejó la famosa máxima: "La sangre de los mártires es la semilla de la iglesia". San Agustín escribió, "Los mártires fueron amarados, encarcelados, azotados, descuartizados, quemados, desgarrados, asesinados –y se multiplicaron."

El sufrimiento de los fieles todavía es parte del plan de Dios. No es menos cierto hoy de lo que fue en el siglo segundo. Así como fue cierto durante los días de Daniel, respecto a Sadrac, Mesac y Abednego, quienes se mantuvieron firmes ante el poderoso rey Nabuconodosor. Cuando este monarca ordenó que todos se postraran ante su imagen de oro, los tres hebreos, y sólo ellos, rechazaron hacerlo. Cuando fueron llamados a rendir cuenta de su desobediencia, respondieron al rey que ellos no podían hacer lo que él les mandaba, pero que Dios podría librarlos, y aún si no lo hacía, de todas maneras ellos no se iban a postrar ante la imagen.

Sus heroicas palabras hablan a través de los siglos hasta hoy día. Consideremos lo que dijeron y qué quiere decir para el siglo veintiuno. Le urjo a que preste detenida atención. Es posible que usted necesite apropiarse de esta verdad tarde o temprano.

UNA CONVICCIÓN ABSOLUTA

"...el Dios a quien servimos puede librarnos del horno" (Dn. 3:17). Esto debería ser llamado curso básico de teología aplicada. Ellos no dudaron de las intenciones del rey de lanzarlos en el horno ardiente. Tampoco dudaron de sus habilidades o de su disposición a actuar si fuera necesario. Estoy seguro que ellos habrían visto de primer mano cuán cruel era él con quienes se le oponían.

¿Qué les dio la confianza de hablar firmemente? Tres pequeñas palabras "Dios... puede librarnos". Conocían a su Dios, y sabían lo que Él podía hacer.

¡Dios puede librar! ¡Dios puede salvar! ¡Dios puede rescatar! ¿Cómo supieron eso? Recordaron que lo había hecho en el pasado.

- Él habló, y las estrellas poblaron los cielos.
- Él habló, y los planetas comenzaron a girar en torno al sol.
- Él habló, y el león rugió, el águila comenzó a volar, y el pez a nadar.
- Él tomó un poco de polvo e hizo al hombre.
- Luego tomó una costilla del hombre e hizo a la mujer.
- Tornó un cayado en serpiente y volvió a serpiente nuevamente en cayado.
- Envió un viento y el mar rojo se abrió.
- Puso una mesa en medio del desierto y alimentó a sus hijos con maná y codornices.
- Él hizo brotar agua de una roca.
- Él causó que los muros de Jericó se derrumbaran.

Sadrac, Mesac y Abednego habían sido instruidos en estas historias desde que eran unos niños pequeños. Porque conocían a su Dios, sabían lo que Él podía hacer. Por lo tanto, durante su crisis personal, sabían sin lugar a dudas de lo que Dios era capaz.

Permítamelo decírselo llanamente. Porque sabían lo que Dios había hecho en el pasado, sabían lo que Dios podía hacer en el presente. Este es el gran valor que procede de conocer la palabra de Dios. Usted descubre quien es Dios, lo que ha hecho, y lo que puede hacer. Conocer a Dios nos da la fortaleza para permanecer firme sin importar lo que venga en nuestra contra.

Una Esperanza Fuerte

"...el Dios al que servimos puede librarnos del horno y de las manos de Su Majestad" (Dn. 3:17b). Había una fuerte nota de optimismo en sus voces mientras permanecían frente al hombre más poderoso del mundo. La fiereza del horno nos estaba sino a decenas de metros, quizá al alcance de la vista, en mi caso yo lo hubiera pensado. Ellos sabían el precio de la desobediencia, pero de todas maneras desobedecieron. ¿Por qué? Porque creían en lo profundo de sus corazones que de alguna manera Dios podía rescatarlos. No sabían cómo, qué, o cuándo, o dónde.

¿Qué los hizo hablar de esta manera? Responderé de manera sencilla. *Tenían un gran Dios.* Creían en un Dios que podía hacer cualquier cosa. Por eso Hebreos 11:34 refiere a ellos cuando dice, "apagaron la furia de las llamas". Vemos un enorme optimismo en un tiempo que la esperanza pereciera haber desaparecido.

Mientras escribo esto mi mente regresa en el tiempo a un día hace treinta años atrás cuando me inscribí para el primer día de clases en el Dallas Theological Seminary. Un mes después mi madre llamó con la mala noticia de que mi padre estaba enfermo y trasladado al hospital en Birmingham, Alabama. Realizamos un rápido viaje, vimos a mi padre y regresé a Dallas. (Sé que compartí parte de esta experiencia anteriormente en este libro, de todos modo, tomaré un aspecto diferente aquí). Algunos días después mi madre llamó una vez más diciéndonos que mejor regresábamos una vez más a Birmingham lo más rápido posible. Así que empacamos nuestras maletas, montamos en la Ford Pinto 1974, y marchamos al aeropuerto. Recuerdo que no parecía haber demasiado tráfico aquel día.

Conduciendo en dirección norte sobre el Central Expressway vi un cartel publicitario promoviendo una firma financiera de acciones. Observé un pantalla digital donde mostraba el promedio del índice Dow Jones. Debido a que era fin de semana, no habían ninguna cifra que mencionar. La pantalla decía "+0.00". Mas ceros. Esa pareció una manera precisa de indicar la cantidad de mi fe en aquel momento. Mi padre estaba gravemente enfermo (y eventualmente moriría), de todos modos regresábamos con tanta fe como nos fue posible reunir.

Allí era donde los tres hombres jóvenes estaban. Humanamente hablando, sus chances de sobrevivir eran cero. *Pero debido a Dios, por lo menos era un cero positivo.* Muchos de ustedes están en lugares similares. Las circunstancias parecen arreciar en su contra. Pero debido a Dios, usted siempre puede estar en cero positivo. Eso es bastante mejor que cero negativo, que es cuando no se conoce a Dios.

Una Resolución Sin Titubeos

"Pero aun si nuestro Dios no lo hace así, sepa usted que no honraremos a sus dioses ni adoraremos a su estatua." (Dn. 3:18). Llegamos a las palabras más fuertes de todas. Existen varias etapas en la vida de fe, y esta quizá sea la más elevada. Aquí estaban diciendo, "Sabemos que Dios puede librarnos, lo que no sabemos es si lo va a hacer. De cualquier modo, no nos postraremos ente su imagen de oro". Básicamente estaban firmando su propia acta de defunción, y lo sabían. ¿Cuántos de nosotros tenemos ese tipo de coraje?

Esta fue la moral minoritaria de Dios. Ellos sabían que era mil veces mejor morir con la probación de Dios que vivir un día sin ella. Era mejor un horno voraz que vivir con el fuego de una conciencia ardiente en el alma. ¡Podrían morir, pero no se atrevían a pecar! Sus convicciones no estaban a la venta, a ningún precio, ni siquiera al precio de sus vidas.

Qué ejemplos tan nobles de fe. Esperaban un milagro, pero no lo demandaban. ¡Dejaron todo en las manos de Dios! Considere la pequeña frase: "pero aun si (nuestro Dios no lo hace así"

- Queremos respuestas a nuestras oraciones –pero aun si…
- Queremos vida larga y buena salud –pero aun si…
- Queremos que nuestros hijos prosperen –pero aun si…
- Queremos ver milagros suceder –pero aun si…

Si Dios le dice no a sus sueños más anhelados y sus más profundas esperanzas, ¿aún así le serviría usted? Si Dios le dice no a las lágrimas de sus oraciones por aquellos que usted ama, ¿usted aun le seguiría?

Esto no lleva a encara una doctrina de la cual casi no se habla, *la impredecibilidad de Dios*. Significa que Dios hace lo que Él quiere, en vez de hacer lo que nosotros esperamos que haga. Aquellos tres hombres jóvenes tenían un gran Dios, y sabían que la liberación personal de ellos tal vez no fuera lo más importante para Él. Esto es una idea clave ya que para la mayoría de nosotros, cuando nos encontramos en aprietos lo que enseguida pensamos es cómo podremos librarnos sin perjuicio alguno. Así que cuando oramos, decimos, "Oh Señor, sácame de este apuro". Pero no lo decimos demasiado fuerte porque esperamos que la voluntad de Dios y la nuestra sean iguales.

Seguido la voluntad de Dios y la nuestra no son lo mismo. Vemos a través de un cristal opaco. Cuando mucho, solemos ver una silueta de los propósitos de Dios. No obstante, Dios sí puede ver el panorama completo de la historia.

LAS ORACIONES SIN RESPUESTAS

Existen muchos misterios en la vida. Deuteronomio 29:29 nos dice "lo secreto lo pertenece al SEÑOR nuestro Dios", lo que implica que Él sabe los motivos por los cuales suceden las cosas, pero no se los dice a nadie. Considere estos misterios: En Hechos 12 el apóstol Santiago fue muerto a espada; en el mismo capítulo el apóstol Pedro fue liberado milagrosamente. ¿Por qué? Ezequias pidió y recibió quince años más de vida; sin embargo Raquel murió dando a luz en su camino a Belén. ¿Por qué?

Un hombre contrae cáncer y muere a los cuarenta y dos; otro vive hasta sus ochenta y cinco, ¿por qué?

A un niño le va bien, y otro tiene dificultades durante toda su vida. ¿Por qué?

Una familia conoce la prosperidad y parece tenerlo todo, mientras otra a duras penas cubre lo indispensable. ¿Por qué?

Su compañero de trabajo es promovido, y sobrepasándole a usted, le colocan en una mejor posición. ¿Por qué?

A hombre pierde su vida mientras trabaja, mientras a una pequeña niña luego de un accidente automovilístico apenas le quedan unos rasguños. ¿Por qué?

Dos soldados van a la guerra y sólo uno regresa a casa. ¿Por qué?

Un niño nace saludable, y otro con serias condiciones físicas. ¿Por qué?

Esta lista podría extenderse infinitamente. Existen demasiados misterios en el universo. *Nadie tiene una respuesta clara.* Al final sólo hay una respuesta. Yo le llamo la regla número uno de la vida espiritual: Él es Dios y nosotros no. El salmo 115:3 nos recuerda que "nuestro Dios está en los cielos y puede hacer lo que le plazca".

Lo que hayamos en Daniel 3 es fe en Dios, no sólo fe en la liberación de Dios. Esto hombres jóvenes estaban diciendo, "estamos seguros de Dios, pero no estamos seguros de lo que Dios hará". No hay teología de la prosperidad aquí.

El Otro Lado de la Fe

Anteriormente en este capítulo mencioné Hebreos 11:34. Hay más en la historia. Si dejara el asunto allí, estaría dejando una cuadro bastante incompleto. Suena demasiado fácil. Vivir por fe es frecuentemente bastante difícil y no siempre culmina de la manera que quisiéramos.

Suponga que presentemos la pregunta así, ¿Vivir por fe significa que siempre recibiré un milagro? *La respuesta debe ser no.* El final de Hebreos 11 lo deja claro. Los versículos 33-35a registran el triunfo de la fe:

> Los cuales por la fe conquistaron reinos, hicieron justicia y alcanzaron lo prometido; cerraron bocas de leones, apagaron la furia de las llamas y escaparon del filo de la espada; sacaron fuerzas de flaqueza; se mostraron valientes en la guerra y pusieron en fuga a ejércitos extranjeros. Hubo mujeres que por la fe resurrección recobraron a sus muerto…

Esta es una lista maravillosa, y todos podríamos imaginarnos a los héroes bíblicos que las realizaron. Pero esto es sólo parte de la historia. En los versículos 35b-38 se registran las tribulaciones de la fe:

> Otros, en cambio, fueron muertos a golpes, pues para alcanzar una mejor resurrección no aceptaron que los pusieran en libertad.

Otros sufrieron la prueba de burlas y azotes, e incluso de cadenas y cárceles. Fueron apedreados, aserrados por la mitad, asesinados a filo de espada. Anduvieron fugitivos de aquí para allá, cubiertos de pieles de oveja y de cabra, pasando necesidades, afligidos y maltratados. ¡El mundo no merecía gente así! Anduvieron sin rumbo por desiertos y montañas, por cuervas y cavernas.

¿Quiénes fueron estas pobres almas benignas? ¿Qué hicieron para merecer tales castigos? El escritor les llama simplemente "otros" y "algunos". Ellos fueron "otros" que vivieron por fe. *Estos hombres y mujeres que soportaron tales tormentos, vivían por fe al igual que Noé, Abraham, Moisés o Josué.* Su fe no fue menor. De alguna manera, su fe fue más fuerte debido a que les capacitó para soportar unos sufrimientos increíbles. No fueron santos menores debido a que no encontraron milagros. De alguna forma, fueron santos mayores ya que ellos fueron fieles aún cuando las cosas no marcharon bien.

Aun Hasta la Muerte

A inicios de mi ministerio en Calvary Memorial Church en Oak Park, Illinois, prediqué una serie de sermones sobre el pacto de nuestra iglesia. Similar a la mayoría de las iglesias, difícilmente mencionábamos el pacto de la iglesia, y descubrí que la mayoría de las personas desconocían que teníamos uno. El pacto el tipo de compromiso que las personas están haciendo unas con otras y con el Señor cuando se reúnen como iglesia. Este es un fragmento del pacto de la iglesia: "Nosotros aceptamos, por lo tanto, en Su fortaleza prometemos… que bajo cualesquiera circunstancias, aún hasta la muerte, nos esforzaremos a vivir para la gloria de Dios, quien nos llamó de las tinieblas a Su luz admirable".

La última parte es clara. *Nos esforzaremos a vivir para la gloria de Dios.* Pero la frase "bajo cualesquiera circunstancias" suena como Hebreos 11. Además, la frase "aún hasta la muerte" suena como los "otros" de 11:35-38. ¿Esperaban quienes compusieron el pacto de la Covenant Church realmente esperaban tomar esto en serio? ¿Estamos prometiendo ser fieles hasta la muerte? Pienso que la respuesta debe ser sí. Esperamos que nunca llegue a eso. Oramos que no suceda. Pero de todos modos la promesa debe mantenerse.

El Triunfo de Karen Watson

Karen Watson de Bakerfield, California, confió en Cristo como su Salvador en 1997 durante un intenso período de congoja. Su prometido, con quien planeaban casarse, su padre y su abuela habían muerto durante los últimos dos años. Luego de venir a Cristo, se unió a un grupo de su iglesia que realizaban viajes misioneros breves. Viajó en dos ocasiones al Salvador y una vez a Kosovo, Macedonia y Grecia. Eventualmente, sintió que Dios le estaba llamando al ministerio de tiempo completo; así que renunció a su trabajo como Oficial de detenciones en el departamento del Sheriff en Bakerfield, vendió su casa y su automóvil y se unió al Comité Internacional de Misiones de la Convención Bautista del Sur. Empacó todas sus posesiones materiales en una sola maleta. Puesto que era un líder natural, le solicitaron que coordinara el trabajo de los refugiados en Jordania durante la guerra en Irak. Enseguida que los combates principales culminaron, fue asignada al mismo Irak. Pese a que estaba consciente de los riesgos, no dudo en obedecer el llamado.

En marzo 15 del 2004, ella y cuatro misioneros más estaban en Mosul –una ciudad iraquí al noreste– cuando les dispararon desde un vehículo. Los asesinos utilizaron armas automáticas y granadas. Cuatro de los misioneros murieron; otro fue gravemente herido, Kare Watson, de treinta y ocho años estaba entre los muertos.

Antes de que ella fuera a Irak, le entregó a su pastor una carta manuscrita para que fuera abierta únicamente dado algún evento mortal. Esto es lo que ella escribió (según fue publicado en la Baptist Press News, Marzo 24, 2004):

Marzo 7, 2003
Querido Pastor Phil y Pastor Roger,
Ustedes únicamente deberían estar abriendo esta carta dado el evento de mi muerte.
Cuando Dios llama no hay arrepentimientos. Intenté compartir mi corazón con ustedes lo más posible, mi corazón por las naciones. Yo no fui llamada a un lugar. Yo fui llamada a Él.

Obedecer fue mi objetivo, el sufrimiento fue esperado, Su gloria fue mi recompensa, Su gloria es mi recompensa.

Una de las cosas más importantes que recordar ahora es que el trabajo debe ser preservado… Esto escribiendo esto como si todavía estuviera trabajando entre el grupo de mi gente.

Les agradezco a todos ustedes por sus oraciones y apoyo. Seguramente sus recompensas en los cielos serán grandes. Gracias por invertir en mi vida y bienestar. Continúen enviando misioneros. Continúen levantando buenos pastores jóvenes.

Respecto a cualquier servicio, manténganlo pequeño y simple. Sí simple, sólo predicar el evangelio… Sean fuertes y prediquen el eterno EVANGELIO que salva la vida y que transforma la vida. Denle gloria y honor a nuestro Padre.

El corazón misionero:
Preocúpese más de los que algunos piensan que es sabio.
Arriesgue más de lo que algunos piensan que es seguro.
Sueñe más de lo que algunos piensan que es práctico.
Espere más de los que algunos piensan que es posible.

Fui llamada no a la comodidad ni al éxito sino a la obediencia…

No existe gozo fuera de conocer a Jesús y servirle a Él. Les amo a los dos y a toda mi familia de la iglesia.

En su amor,
Salaam, Karen.

Durante su funeral, el pastor Roger Spradlin preguntó, "¿Vale la pena servir a Dios… [cuando] la bondad es retribuida con una balacera?" Entonces él respondió: "Lo vale si usted pone mayor atención en la atención de Dios que en la aprobación de los hombres. Lo vale si usted valora más a los demás que a usted mismo. Si usted le hubiera preguntado a Karen, ella le hubiera respondido, ¡Oh, por supuesto que lo vale!"

Tres breves palabras han hecho eco a través de los años, desde las planicies de Dura en la antigua Babilonia hasta la ciudad del noreste de Irak hasta donde sea que usted lee este libro: "Pero si no…".

Esperamos y oramos pidiendo vivir largas vidas en paz y seguridad. Nadie quiere ser un mártir por Cristo. Pero los días tal vez lleguen, y quizá no estén tan lejanos, cuando algunos de nosotros seamos llamados a realizar la elección extrema.

En todas estas cosas tenemos la palabra de Dios como nuestra esperanza y fortaleza. No tema; confíe en Él. Nuestro Dios es suficiente para librarnos. Pero si no, que seamos hallados fieles a Cristo, aún en la muerte.

Preguntas para el Estudio Personal o de Grupo.

1. Lea Daniel 3. ¿Qué excusas podrían los tres hombres jóvenes haber dado para inclinarse a la estatua de oro?

2. "Es cuando la noche cae que podemos ver las estrellas. Dios nos ama demasiado como para dejarnos en nuestra complacencia". ¿De qué maneras puede la persecución y la oposición por causa de nuestra fe sernos una señal del amor de Dios?

3. ¿Puede usted recordar cualquier tipo de sufrimiento personal o profesional por causa de su fe en Cristo?

4. Si Dios puede librarnos del sufrimiento, ¿por qué no siempre lo hace?

5. ¿De qué manera puede una buena memoria ayudarle durante los tiempos de tribulación?

6. ¿Cómo ha experimentado usted la impredecibilidad de Dios?

Profundizando

La mayoría de nosotros nunca haremos lo que hizo Karen Watson al ir a una zona de guerra en el nombre de Cristo. Pero todos nosotros podemos vivir detrás del legado escrito de nuestra fe. Este es el desafío. Escriba una carta a sus seres amados que no vaya a ser abierta sino hasta después de su muerte. ¿Qué quisiera decirles a sus familiares y amigos? ¿Cómo les expresaría su fe en Cristo? ¿Cuáles son los valores que les quisiera trasmitir? Escriba la carta, y luego póngala en un lugar seguro. Algún día tal vez sea su legado final para aquellos que deja detrás.

MUÉSTRAME TU GLORIA

Moisés dijo, "te ruego que me muestres tu gloria" (Ex. 33:18 RVR 60). Carlos Spurgeon le llamó a este la mayor petición que un hombre haya jamás realizado a Dios. Pienso que está en lo correcto. ¿De qué modo podría Moisés haber pedido algo mayor? *Ver la gloria de Dios es ver a Dios mismo.* Fue como si Moisés estuviera diciendo, "Déjame verte como realmente eres". Usualmente cuando las personas oran, desean algún favor especial de parte del Señor. "Señor, ayúdame a encontrar un trabajo", "aumenta mi fe", "sana a mi hijo", "muéstrame tu voluntad", o "líbrame de este día de problemas". Esas oraciones son nobles ya que le piden a Dios lo que sólo él puede dar. Si oramos para que una montaña sea removida y echada al mar, estamos orando por algo que nosotros mismos no podemos hacer. Así que hasta nuestras oraciones "ordinarias" honran al Señor puesto que reconocen que Dios es Dios y no nosotros.

Pero la oración de Moisés permanece aparte. Es una categoría única. Ninguna otra petición puede comparársele. La gloria de Dios es la suma total de quien es Dios. Es el poder de Dios más su sabiduría, su justicia, su misericordia, más su fidelidad, su santidad, su amor, más todo otro atributo de su carácter. La gloria de Dios es el resplandor de quien es Dios en esencia.

Únicamente podemos comprender esta petición si consideramos el contexto. Moisés acaba de pasar cuarenta días en el monte Sinaí en comunión con el Señor. Durante esos días en la montaña, Dios le dio a Moisés la ley y escribió lo diez mandamientos en las tablas de piedra con su dedo. Mientras Moisés estaba con el Señor, los hijos de Israel permanecieron activos. Aarón juntó aretes de oro de entre el pueblo y construyó un becerro de oro. Danzaron y gritaron proclamando, "Israel, ¡aquí tienes a tu dios que te sacó de Egipto!" (Ex. 32:4). Las gentes ofrecieron sacrificios al becerro y comenzaron a involucrarse en celebraciones desenfrenadas. El Señor sabía todo esto y se lo dijo a Moisés que él iba a destruir a Israel y comenzar una nueva nación que le adoraría únicamente a Él y no se tornaría a los ídolos.

Pero Moisés intercedió ante el Señor a favor de pueblo rebelde. Le recordó a Dios su promesa hecha a Abraham, y le dijo que los gentiles dirían que Él sacó al pueblo de Egipto sólo para matarlo en el desierto. Entónces el Señor accedió y no destruyó al pueblo.

Entonces Moisés bajó de la montaña. Cuando vio al pueblo y su celebración desenfrenada, rompió las tablas de la ley, enfurecido. Quemó el becerro de oro, lo redujo a polvo, lo mezcló con agua e hizo que los israelitas lo bebieran. Luego convocó a los que todavía permanecían fieles a Dios. Los levitas vinieron de su lado, y bajo sus instrucciones ellos fueron a través del campamento matando a los idólatras. Tres mil idólatras fueron matados en todo el campamento. El próximo día Moisés intercedió ante Dios para que perdonara al pueblo. Incluso le pidió a Dios que borrara su nombre de su libro pero que salvara al pueblo de Israel. Dios le indicó que salieran del monte Sinaí hacia la tierra prometida, pero bajo un condición significante: "Yo no los acompañaré, porque ustedes son un pueblo terco, y podría yo destruirlos en el camino" (Ex. 33:3b).

Este es nuestro mayor temor –que cuando no movamos, el Señor no esté junto a nosotros. *Sucede más frecuentemente de lo que imaginamos.* En nuestra prisa por sacar delante nuestra vida, tomamos el control de la situación y el resultado no funciona como lo habíamos anticipado. Me pregunto cuántos de nosotros podríamos mirar al pasado y confesar, "vea que el Señor no estaba en aquello en lo más mínimo. Lo hice por mi propia cuenta". La tragedia de caminar sin el Señor es que generalmente no lo descubrimos hasta que es demasiado tarde para remediarlo. Las malas decisiones no siempre se pueden revertir. Así que Moisés intercedió ante Dios una vez más. Esta vez le dijo: "—O vas con todos nosotros –replicó Moisés–, o mejor no nos hagas salir de aquí." (Ex. 33:15). Esa es la actitud correcta. Si Dios le ha sacado de Egipto, mejor no salir del Sinaí sin Él. Usted le necesitará para cruzar el desierto.

En aquel momento llega la gran petición del versículo 18 "muéstrame tu gloria", diciendo en esencia, "pero no toda". Moisés veía la bondad de Dios, pero no veía el rostro de Dios, porque nadie puede ver el rostro de Dios y vivir (Ex. 33:20). Entonces Dios le ofreció a Moisés esconderse "en la hendidura de la peña" para que Moisés pudiera ver su espalda al pasar. Eso es más de lo que cualquier hombre haya visto jamás antes. Eso fue lo máximo que Moisés pudo ver sin morir.

Verdad # 1
Descubrimos la gloria de Dios en los tiempos de crisis

Moisés oró diciendo, "muéstrame tu gloria" sólo después que los hijos de Israel habían adorado al becerro de oro. Él oró de esta manera luego de haber roto las tablas de los diez mandamientos, luego que tres mil israelitas habían muerto y luego que había intercedido ante Dios varias veces. Esta oración vino luego que libró a la nación de la destrucción, y después que había recibido la promesa de que Dios no abandonaría a su pueblo. Sin lugar a dudas las crisis habían drenado las fuerzas naturales de Moisés. Todos nosotros tenemos límites, ¿cierto?

Tom Landry, director técnico de los Dallas Cowboys, fue quien remarcó, "la fatiga nos hace cobardes a todos". *Todos podemos manejar algo de adversidad, otros podemos manejas bastante adversidad, pero todos tenemos un punto de ruptura.* No importa quien es usted ni donde se encuentra. Todos tenemos un punto de ruptura –y a veces lo descubrimos sin una advertencia previa. Acá tenemos una lección que aprender.

- Usted no es tan fuerte como piensa que es, yo tampoco lo soy.
- Usted no es tan sabio como piensa que es, yo tampoco lo soy.
- Usted no es tan inteligente como piensa que es, yo tampoco lo soy.

• Usted no es tan suficiente como piensa que es, yo tampoco lo soy.

El más poderoso roble del bosque parece invencible, pero si le golpea en el lugar preciso con el hacha, se derribará. El hacha podría ser pequeña, pero puede tirar abajo un gran árbol en segundos. *Es bueno que Dios nos haga pasar por fieras pruebas ya que de otro modo no nunca veríamos su gloria.* Recibí un correo electrónico de un hombre de Pennsylvania que había leído uno de mis libros. No hacía mucho que los médicos le habían diagnosticado cáncer de próstata. En tiempos pasados había cometido terribles errores y herido a su familia de modos grotescos. "Son tiempos difíciles. Siento tremenda culpa y dolor. Así que cuando recibí la noticia que tenía cáncer de próstata, me dije a mí mismo, 'definitivamente, lo merezco'". Él obtuvo una copia de mi libro y lo llevó con él a su trabajo. Me contó que trabaja en rondas de veinticuatro horas, y que tarde de la noche, seguido va a la azotea para orar.

Fue durante la lectura de su libro que Dios y yo hicimos las paces respeto al cáncer. No sólo eso, sino que Él me dio la habilidad de ver el cáncer como algo útil para su reino y para mi vida. El cáncer quita las telarañas, el cáncer clarifica, el cáncer hace conciso, el cáncer posibilita encontrar a Dios y libertad de las trampas mundanas.

Si él no hubiera tenido cáncer, nunca hubiera descubierto esas cosas. El cáncer quizá no sea bueno en sí mismo, pero tener cáncer puede ser bueno si a través de esa crisis usted llega a una nueva comprensión de Dios.

Aprendemos más en la oscuridad de lo que aprendemos en la luz. Maduramos más durante las aflicciones que durante los tiempos de sol resplandeciente cuando todo va bien. No es de sorprenderse que Moisés descubrió la gloria de Dios durante un tiempo de crisis personal. Lo mismo será cierto para nosotros.

Verdad # 2
La revelación de Dios llega con un costo personal

Dios le dijo a Moisés que él respondería a su oración, pero no de la manera que él esperaba. En un sentido, Moisés no tenía idea de lo que estaba pidiendo. Él quería ver la gloria de Dios, pero eso significaba ver la esencia de Dios. Ningún ser humano podría ver la esencia de Dios y aún vivir. La luz nos dejaría ciegos, y entonces, nos consumiría. Por tanto Dios le dijo a Moisés que Él le escondería "en la hendidura de la peña" para que Moisés pudiera ver su espalda cuando Él pasara. Eso sería sobrecogedor para Moisés, pero por lo menos, no moriría.

En ocasiones, cuando oramos, pedimos por cosas que no podríamos sobrellevar solos. Deseamos ciertas bendiciones, pero no tenemos idea del costo implicado. Definitivamente cuando oramos, "Señor, muéstrame tu gloria", como el antiguo Moisés, estamos pidiendo algo muchísimo más allá de lo que podríamos recibir. Hace vario años atrás nuestra congregación adoptó el tema, "Señor, enséñanos a orar". El primer domingo de aquel año hice algo que nunca antes había realizado. Al final del sermón le solicité a la congregación que orara por mí de una manera especial durante el resto del año. En la emoción del momento, le pedí a la gente que no viniera al santuario si no habían orado por mí aquel día. Le dije que necesitaba profundamente sus oraciones, y les rogué que lo hicieran.

Después me enteré que ciertas personas se habían desconcertado con esa petición. Se estaban preguntando si había algo "mal" en mi vida que motivaba mi necesidad de oración. Unas semanas después volví a solicitar lo mismo a la congregación. Una señora se acercó a preguntarme porqué yo había seleccionado este año en particular para solicitar oración. Bajo el impulso del momento, le respondí, "no tengo idea, pero estoy seguro que se revelará eventualmente". Eso fue a inicios de febrero.

Varias semanas después viajé al estado de la Florida para enseñar durante una semana. No me sentía bien cuando llegué. Tampoco esta precisamente enfermo, pero supongo que podría decir que estaba algo fuera del ritmo normal. Un poco de mal clima y luego de haber terminado mi último sermón, regresé a mi dormitorio y más o menos me descompensé. Era como si mi cuerpo estuviera diciendo, "el trabajo está echo por esta semana, así que ahora es tiempo para enfermarse". En pocas palabras me sentía miserable, me comenzó a subir la temperatura y a dar escalofríos. Marlene y yo volamos de regreso a casa aquel mismo día, pero mi condición no mejoró. El próximo día esta algo peor. El asunto pasa por el punto de que yo soy el tipo de persona "que nunca se enferma". Había estado realmente enfermo hacía treinta años. Eso fue en 1986 cuando contraje mononucleosis. Terminé sin poder predicar por tres semanas. Desde entonces, nunca más había perdido un domingo por motivos de enfermedad.

Pero mi record estaba a punto de romperse. Durante la tarde del sábado se presentó un dolor que me daba dificultad para mantenerme en pie. El resfriado, o lo que fuera, había llegado a ser cierta forma de infección. Durante la noche supe que estaba en cierto problema. Finalmente, a las 3:00 AM supe que no podría predicar aquella mañana. Más tarde aquel mismo día comencé a tomar una serie de antibióticos esperando que me ayudaran a recuperarme.

El siguiente día permanecía sin cambios. El jueves temprano mi hermano llamó para avisarme que nuestra madre había fallecido. Mamá tenía ochenta y un años, y había estado delicada de salud sufriendo Alzheimer por varios años. Pese a que había estado declinando, la prontitud de su fallecimiento fue una sorpresa. Al igual que muchas otras personas, puedo testificar que aún cuando uno esté esperándolo, nunca se está listo para la pérdida de un padre. Golpea más de lo esperado. Así que recogimos a nuestros hijos e iniciamos el camino hacia Alabama para el servicio fúnebre. Yo aún me sentía enfermo y no pude conducir. Así que me colocaron en el asiento posterior, mientras Marlene y los muchachos tomaban turnos para conducir. La siguiente noche tuvimos las visitas, y recibimos a muchos amigos de la familia que no había visto desde hacía tres décadas.

El día anterior había hablado en el servicio fúnebre. Estaba frío y algo ventoso aquella tarde de marzo cuando enterramos a mi madre para descansar junto a mi padre, quien había partido veintinueve años antes. Más de cien personas se habían reunido para el servicio. Tuve la impresión de que no había visto a aquellas personas desde el fallecimiento de mi padre en 1974. El director de mi escuela secundaria estaba allí, conocidos de la iglesia donde crecí estaban allí, tanto como viejos amigos de la familia que habían conocido a mi padre y madre muchos años antes.

Mientras permanecía parado allí realizando el servicio fúnebre de mi madre, tuve una experiencia surrealista. Quizá sucedió dado mi estado enfermizo, tal vez debido a estar viendo tanto viejos amigos, pudo ser debido a que estábamos enterrando a mi madre y mi padre uno al lado del otro. Fue como si un "pestañear en el tiempo" y que los veintinueve años desde que mi padre murió hubieran desaparecido. Simplemente desaparecieron por un momento. Yo estaba en mi veintes cuando papá falleció y ahora estoy al inicio de mis cincuenta. La mayoría de los amigos de la familia que estaban junto durante el entierro habían estado también para el funeral de mi padre veintinueve años atrás. La mayoría de quienes estaban al inicio de sus cincuenta años, al presente estaban en sus setentas o inicio de sus ochenta años. Era como si las tres décadas de entremedio simplemente hubieran desaparecido.

Todo esto pasó como un relámpago en mi mente mientras hablaba. Pude estirar la mano y tocar el féretro de mi madre. Yo esta parado como a un metro de donde estaba enterrado mi padre. Fue como si la semana pasada le hubiéramos enterrado a él, esta semana estábamos enterrando a mi madre y la próxima alguien me estaría enterrando a mí. Tuve un tremendo sentido de mi mortalidad, del rápido paso de los años. Fue como si el Señor hubiera susurrado en mis oídos, "Ray, dale una buena mirada. Así es como sucederá contigo algún día". Ese día suele llegar antes de lo que solemos pensar.

Ayer murió mi padre.

Hoy murió mi madre.

Mañana moriré yo.

Décadas intermedias pueden distanciar estos eventos. Pero cada uno de ellos sucede con certeza. No puedo explicar completamente lo que sucedió aquel día, de todas maneras fue profundo para mí, y aún continúo pensándolo. La enfermedad y la muerte de mi madre fueron una revelación de mi propia debilidad, mi humanidad, mi futilidad, un recuerdo que "polvo eres y al polvo volverás" (Gn. 3:19 RVR 60). Esto siempre es cierto para cada uno de nosotros, pero frecuentemente vivimos como si no lo creyéramos.

Mientras reconsideré mi vida hace un año y medio atrás, surgió en mi un enorme deseo por las cosas simples. Ya lo mencioné antes, puesto que es una fuerza imperante en mi interior. Simplificar. Encontrar lo que realmente importa. No cargar demasiados chirimbolos. Desentenderse de lo prescindible. Atesorar lo esencial sin preocuparse por lo demás. Por sobre todo, confiar en el Dios soberano. Encontré un nuevo deseo de conocer a

Dios en todo lo que hago. Mientras meditaba en 1 Pedro 1:16 ("Sean santos, porque yo soy santo"), se me ocurrió que la santidad permanece como un misterio para la mayoría de los creyentes. Sabemos lo que significa el mundo, pero estamos en aprietos si intentamos explicar a qué se refiere. Acá tiene otra interpretación. Dios dice, "Sé como yo soy". Eso es cierto –Dios desea que seamos como Él. Santidad es la esencia de quien es Dios, y Dios dice, "Sé como yo soy".

- En tu salir y tu entrar, sé como yo.
- En tu comprar y vender, sé como yo.
- En tu dormir y tu caminar, sé como yo.
- En tus pensamientos y en tus sueños, sé como yo.
- En tus palabras y en tus hechos, sé como yo.
- En cada aspecto de tu vida, sé como yo.

¡Hablando de aumentar la barra! Eso sí es un nivel elevado. Va mucho más allá de las listas "has esto" y "no hagas aquello" que se asocian con ser santo. Muchas personas piensan que ser santo es aburrido, pero eso se debe a que lo asocian con un libro de reglamentos. Pero eso no es como la Biblia lo presenta. *Ser santo es ser como Dios es y eso es la cosa más emocionante del mundo.* Santidad significa ser tan parecido a Dios que usted llega a transformar el mundo. O, para ser más precisos, santidad significa ser tan parecido a Dios, que el mundo comienza a cambiar a su alrededor.

Si duda de mis palabras, ¿aceptaría las palabras de C. S. Lewis? Esto es lo que Lewis dijo acerca de la santidad:

> Cuán poco sabe la gente que piensa que la santidad es tediosa. Cuando se encuentra con la realidad… es irresistible. Aún si el diez por ciento de la población mundial la tiene, ¿no sería el mundo completo convertido y feliz antes de finalizar un año? (*Letters to an American Lady* [Grand Rapids, MI: Eerdmans, 1967], p. 28)

Él está en lo correcto. Las gentes que piensan que la santidad es aburrida en realidad no saben lo que significa santidad. *Cuando usted conoce a personas verdaderamente santas, se siente atraídas a ellas porque son tan parecidos a Dios.* Todos hemos conocido por lo menos a una persona así –alguien que radiaba la presencia de Dios de tal forma que se sintió atraída hacia él o ella. Casi siempre ese tipo de personas están llenas con un gozo contagioso. Son como Dios –¡y están llenos de gozo! Que combinación tan fantástica. Eso es a lo que se refiere la Biblia cuando habla de "la belleza de la santidad" (1 Cr. 16.29 RVR 60). La gente santa tiene un gozo santo. *Gozan la vida porque están llenos de Dios.* Quizá no somos tan parecidos a Dios, por lo cual tenemos poca resistencia. Si Lewis está en lo cierto, y tan sólo el diez por ciento de nosotros tuviera ese tipo de gozo santo, entonces veríamos ciudades completas convertirse al cabo de un año. Tal vez las personas a nuestro alrededor nos han visto y también a nuestra religión, pero no han visto lo suficiente de Dios en nosotros, ni tampoco demasiado gozo.

Dios dice, "sé como yo soy". La santidad no se relaciona con reglas y regulaciones. ¡La santidad se trata de Dios!

- Dios cuando despierto.
- Dios en la ducha.
- Dios en la mesa del desayuno.
- Dios camino al trabajo.
- Dios en el aula de clases.
- Dios en la oficina.
- Dios en la fábrica.
- Dios durante el almuerzo.
- Dios durante el descanso.
- Dios en el camino de regreso a la casa.
- Dios en la cena.
- Dios mientras miro la TV.
- Dios mientras leo el correo electrónico.
- Dios mientras buceo en la Internet.
- Dios cuando hablo por teléfono.
- Dios cuando me acuesto.
- Dios mientras duermo.
- Dios al despertar una nueva mañana.
- Dios en cada detalle.
- Dios bajo mis pies.

- Dios a mi alrededor.
- Dios en mis pensamientos más profundos.
- Dios en cada relación.
- Dios en cada palabra.
- Dios en cada pensamiento.
- Dios en cada acción.
- Dios en mis momentos privados.
- Dios con cada amigo.
- Dios con mis enemigos.
- Dios cuando estoy contento.
- Dios cuando estoy triste.
- Dios durante los buenos tiempos.
- Dios durante los tiempos malos.
- Dios en mi fe.
- Dios en mis dudas.
- Dios cuando triunfo.
- Dios cuando fracaso.
- Dios sobre mí.
- Dios debajo de mí.
- Dios delante de mí.
- Dios detrás de mí.
- Dios a mi alrededor.
- Dios primero y último.
- Dios encima de mi cabeza.
- Dios guiándome en todo lo que digo y hago.

Siempre Dios, siempre presente, siempre a mi lado, ahora y para siempre jamás.

Esta es verdadera santidad. Esto es verdadero gozo. *Este es el propósito para el cual fui creado.* Si Dios, no tengo sentido, no tengo propósito ni tengo razón de ser.

Moisés recibió la respuesta, pero no de la manera que la esperaba. No llegó sin una revelación de sus propias flaquezas. Lo mismo es cierto para cada uno de nosotros. Decimos que queremos conocer al Señor mejor, que queremos acercarnos más a Él en oración, que queremos crecer en su gracia y que esperamos adelantarnos en el peregrinar espiritual. *Pero existe un precio que se debe pagar.* Sin dolor no hay ganancia. Debemos ver nuestras propias flaquezas de un modo personal antes que podamos contemplar su gloria.

Verdad # 3
Cuando esta oración es respondida,
otros lo sabrán antes que usted.

Éxodo 34:29 nos cuenta que cuando Moisés bajó del monte, su rostro estaba radiante debido a que había hablado con Dios, pero él no lo sabía. Había estado con Dios por tanto tiempo que algo de la gloria de Dios se le había impregnado. La gente vio su rostro resplandeciente y supo que él había estado con Dios. Evidentemente era demasiado como para mirarlo, por lo cual tuvo que ponerse un velo para no enceguecer a sus amigos.

Algunas veces oramos, "Señor, muéstrame tu gloria", esperando recibir algún tipo de experiencia personal que nos transforme en lo más profundo de nuestro ser. Pese a que no lo digamos de esta manera, secretamente esperamos que por medio de la proximidad a Dios, tendremos alguna experiencia que nos hará mejores personas, desvanecerá nuestras dudas, incrementará nuestra fe, nos librará de las tentaciones y llenará nuestros corazones de gozo. En pocas palabras, queremos conocer a Dios por los beneficios que eso nos propinará. Pero en el caso de Moisés, el beneficio real fue para los demás. Ellos fueron quienes vieron la evidencia visible del trabajo de Dios antes que Moisés.

Ocasionalmente me encuentro en reuniones donde alguien pregunta, "¿está usted más cerca del Señor hoy de lo que estaba hace un año atrás?" Nunca sé como responder a dicha pregunta de una manera satisfactoria. Yo mismo quisiera estar más cerca del Señor al presente de lo que estuve hace un año atrás, pero mi juicio es imperfecto debido a que no puedo verme a mí mismo de forma apropiada. Veo lo que quiero ver, o veo lo que quisiera ver. A veces miro mi vida y siento que no ha tenido ningún tipo de progreso. La mejor manera de responder a una pregunta de esta naturaleza es interrogar a personas que me conocen bien. Mi esposa, mis muchachos, las personas que trabajan conmigo cada día –ellos saben la verdad respecto a mí. Si yo he estado caminando junto al Señor, otros lo sabrán; ellos verán el resplandor pese a que yo mismo no lo vea.

No se desaliente si que ha logrado poco progreso espiritual. *No importa cuanto hayamos avanzado, siempre habrá mucho más por delante para el Señor.* Seguido pensamos que andamos en círculos, pero realmente estamos escalando la montaña del Señor. A veces se necesita que un amigo se quien diga, "mira cuán lejos has llegado. Puedo ver la obra de Dios en tu vida". Eso fue cierto para Moisés. También puede ser cierto para nosotros.

Este antiguo relato contiene abundante aliento para nosotros. Durante un tiempo de crisis Moisés se atrevió a orar una magnífica oración. Él pidió lo que ningún otro hombre había pedido antes de él, y recibió más de lo que cualquiera haya jamás recibido. Si embargo, tanto la oración como la respuesta llegó en un tiempo de crisis por medio de la revelación de la propia debilidad de Moisés. La respuesta fue vista por otros antes que Moisés mismo la notara. Las tribulaciones no pretenden destruirle. Dios procura que usted use lo tiempos difíciles para acercarse a Él. Si usted está dispuesto a debilitado, descubrirá cosas acerca del Señor que nunca supo cuando era fuerte. Esa es siempre la modalidad de Dios. Los fuertes no tienen necesidad de Dios –o por lo menos eso es lo que ellos piensan. Pero los débiles se refugian en la ranura de la peña –y son quienes verdaderamente ven a Dios.

PREGUNTAS PARA EL ESTUDIO PERSONAL O DE GRUPO.

1. ¿Por qué la gloria de Dios es vista más frecuentemente durante los momentos de crisis que durante los tiempos que todo marcha bien?

2. ¿De que formas en vista la gloria de Dios en nuestras vidas? ¿Por qué es importante evaluar esas experiencias?

3. ¿Está usted más cerca del Señor actualmente de lo que estuvo hace un año atrás? ¿Cuáles son los motivos que hacen difícil responder esta pregunta?

4. ¿Qué tipo de cosas en su vida le hacen dudar de si a orar o no diciendo, "Señor, muéstrame tu gloria?" ¿Existen en su vida algunas áreas que están cerradas a la influencia de Dios?

5. ¿Por qué Dios le dijo a Moisés que Él no podía mostrarle toda su gloria? ¿Qué aspectos de la gloria de Dios son demasiado maravillosos como para que nosotros podamos contemplarlos?

6. ¿Está usted de acuerdo que la santidad es la cosa más emocionante del mundo? ¿Qué diferencia haría si usted fuera más como Dios cada día?

PROFUNDIZANDO

Pregúntele a su cónyuge, hermano, hermana o amigo de confianza si ellos están viendo alguna evidencia de crecimiento espiritual en su vida. Considere sus respuestas y pregúntele a Dios que le revele las áreas que necesitan ser cambiadas en su vida para que usted pueda ver su gloria. Mientras Dios le revela estas cosas, escríbalas y durante el próximo mes, ore diariamente pidiendo madurez en las áreas respectivas.

SOBREPONIÉNDOSE AL MIEDO
DEL PORVENIR

Encabezados periodísticos actuales nos cuentan escalofriantes historias, seguido despertándonos dudas y temores de lo que está sucediendo o lo que sucederá en el mundo.

Más inestabilidad en el Medio Oriente
Disturbios irrumpen en Indonesia
El alto costo de la paz
Nuevas medidas de seguridad para los aeropuertos
Terrorismo de alta mar
Irán se alista para la guerra
Predicciones para tiempos peligrosos

El último encabezado es cautivante, al menos para quienes crecimos leyendo la King James Bible [versión bíblica en ingles similar a Reina-Valera], puesto que nos trae a memoria un texto que muchos escuchamos (y memorizamos) años atrás: "en los postreros días vendrá tiempos peligrosos"

(2 Tim. 3:1 RVR 60). De hecho, lo días presentes son "tiempos peligrosos" en diferentes formas. El columnista George Will sugiere que vivimos en un período de tiempo de la historia más peligrosos que cualquier otro que el mundo haya conocido durante los último siete siglos ("Danger in the New Year", Enero 1, 2004). Él enmarca el asunto bajo estos términos:

> Se suponía que el choque entre la ciencia y la religión iría a definir las características de la época moderna. Pero el terror distintivo de hoy día es la ciencia moderna al servicio de los fanáticos religiosos –o, en el caso de Corea del Norte, de fanáticos borrachos en la escoria de la seudo religión del socialismo científico, imaginada en el siglo XIX por alemán exhausto exiliado en el museo británico. Hablando de globalización.

El riesgo de guerra en el Medio Oriente, las agitaciones de varias naciones, y la continua amenaza de bio-terrorismo combinado, hacen del tiempo presente una época peligrosa en la cual vivir, o más precisamente, un tiempo peligroso para intentar permanecer vivo.

De todos modos la vida continúa –un tanto incierta, tal vez, pero todos tenemos nuestros propios asuntos que atender. Hay clases que enseñar, órdenes que cumplir, pacientes que atender, libros que escribir (y que leer), jugos que jugar (y que mirar), cuentas que pagar, medicinas que tomar, canciones que cantar, comidas que preparar, y más allá, las cercanas preocupaciones matrimoniales, los hijos, los amigos y demás miembros de la familia. Muchos días es fácil dejar de lado los principales asuntos del mundo para ocuparse de qué haremos el sábado por la noche.

Al finalizar un sermón reciente, invité a las personas a que escribieran sus tres mayores preocupaciones o temores y que pasando al frente lo colocaran en la "caja de las preocupaciones", simbolizando que estaban entregando esos problemas al Señor en un acto de fe y rendición a Él. Un breve examen revela que las preocupaciones de la congregación son universales. La primera que saqué al azar, decía simplemente, "seguridad financiera, salud, matrimonio". Otra lista, "un lugar donde vivir". Otros añadieron "caminar con Dios, soledad", "la escuela", "salud familiar, dinero, fe en Dios". Una pocas incluyeron: "la salvación de papá", "no puedo quedar embarazada", "los niveles de ansiedad", "temo que no serviré al Señor", "¿familia futura?", "pérdida de trabajo". ¿Quién entre nosotros no se podría identificar con estas preocupaciones? Yo lo hice con quienes mencionaron la situación mundial. Alguien escribió simplemente, "la guerra, por supuesto". Ellos no están desconectados con lo que acontece en el mundo. Según John Haggai, "en los Estados Unidos, la preocupación ha llegado a ser parte de la cultura nacional. En incontables epitafios norteamericanos puede leerse: "apurado, preocupado, sepultado".

Tal vez nuestro mayor miedo es el miedo a la muerte. Hebreos 2:15 nos dice que Cristo vino para librar a quienes estaban esclavizados al temor a la muerte. Nos es únicamente el temor de morir lo que nos produce problemas, es dejar esta vida con demasiado por hacer. *Para algunas personas ambas cosas, morir y vivir, parecen ser dolorosas.* ¿Cómo sobreponernos a lo que seguramente nos sucederá en el futuro? Con todas las amenazas ante nosotros, internacionales y personales, ¿cómo podemos movernos del temor a la fe? Para lograr contestar estas preguntas, demos una mirada a la historia de una joven mujer llamada Ester. Pese a que los eventos tomaron lugar alrededor de veinticinco siglos atrás, la historia de su coraje impresionante, indica el camino para vivir libre del miedo consumidor de lo que pudiera suceder mañana.

UN HOMBRE LLAMADO JERJES

Era el año 465 a.C. Un hombre llamado Jerjes (también conocido como Asuero) era el rey de Persia. Era el hombre más poderoso del mundo, pues reinó sobre un imperio aún mayor que el anterior imperio babilónico de Nabucodonosor. Su imperio se extendió desde la India, en el este, hasta Grecia en el oeste, África en el sur y Turquía en el norte. Nuestra historia tiene lugar en una de sus ciudades capitales. Una que usted ha oído hablar, Babilonia. Otras de las capitales eran Ecbatana, Persépolis, y una cuarta llamada Susa. Fue en Susa que nuestra historia se desarrolló.

Es apropiado que consideremos una historia que se suscitó en Susa, ya que no dista del centro de acción en el Medio Oriente hoy día. De hecho, han excavado Susa alrededor de unos cien años atrás y encontraron las ruinas palacio que se menciona en el libro de Ester. Si usted desea visitar Susa, puede volar hasta Bagdad, tome un autobús y diríjase hacia el sur, hacia la boca del Golfo Pérsico. Allí gire a la izquierda a través de la costa del disputado límite con Irán, y continúe por unos 160 Km más. Tras retomar rumbo norte una vez más, verá lo que parece ser un gran montículo, plano en la cumbre, con algunas ruinas encima. Eso es lo que queda en la actualidad de la antigua ciudad de Susa.

El Palacio de Invierno Del Rey

En el 465 a.C. Susa era una de las ciudades principales del mundo. Darío de Media, padre del rey Jerjes, había edificado su palacio de invierno allí. Los arqueólogos descubrieron la tablas que describen cómo el rey construyó la ciudad de Susa. Darío importó cedro del Líbano, madera dura de Gandara, oro de Sardis, lapislázuli de Sogdiana, ébano y plata de Egipto, marfil de Etiopía, y turquesa de Chorasmia. Luego de su muerte, Jerjes continuó el trabajo que su padre había iniciado. La capital real estaba en Babilonia. Susa, con el palacio de invierno, era un lugar para distanciarse de las presiones de Babilonia.

El rey de Persia mantenía su harem en Susa, un enorme grupo de mujeres hermosas, que a su seña eran llamadas para servirle en cualquier forma que a él quisiera. Ellas eran conseguidas de entre las mujeres más hermosas del imperio –tanto mujeres persas como extranjeras. Recibían una dieta especial y eran instruidas en una forma especial de vida, cuyo único propósito era complacer al rey. Una tras la otra podría ser llamada, y ellas le servirían de la manera que él mandara.

Cómo Una Joven Princesa Llegó a Ser Una Reina

Con el transcurso del tiempo el rey llegó a enfurecerse con la reina Vasti debido a ciertas indiscreciones (que surgieron en su mente), por lo cual él inició ha buscar entre su harem a la más hermosa, la más atractiva, la más deseable mujer para hacerla su nueva reina. Examinó a una mujer tras otra, pero no encontró lo que buscaba –hasta que llegó una mujer cuya belleza, carácter, forma y atractivo fue tal que él quedo cautivado por ella. Él dijo, "Yo quiero que ella sea mi reina". Su nombre en hebreo era Jadasa y en persa Ester. Ella era judía. Este miembro del pueblo de Dios, sin previo aviso, repentinamente llegó a ser la reina de Persia. Ahora ella era la mujer más importante en todo el imperio. ¡Una mujer judía era la reina de un rey persa!

La vida le fue benévola a Ester puesto que ella era la escogida del rey. Ella era sobre la cual se había posado el favor real. Durante muchos días, meses y años, Ester disfrutó la gloria de ser la principal mujer del reino, a la cual todos se inclinaba y rendían honor.

EL MALVADO AMÁN

Sucedió que cierto hombre llamado Amán vino a ver al rey. Ester no se enteró, ya que en aquellos días, el rey mantenía sus negocios y sus mujeres aparte. Así que mientras Ester estaba junto a las demás mujeres el rey habló con el hombre. Aquel hombre llegó al rey con una historia que él apenas pudo creer. "Su majestad, existen en su reino personas que son sediciosas que traman en su contra. Ellos no obedecen a sus leyes. Ellos no pagan sus impuestos, ellos no respetan lo que ha hecho hecho. Debemos hacer algo respecto a esta gente". Amán pasó por alto mencionarle al rey de que él estaba refiriéndose a los judíos. Definitivamente, las cosas que él estaba diciendo no eran ciertas. Los judíos no eran sediciosos, ni traidores; pero puesto que Amán era descendiente de los agagueos, antiguos enemigos del pueblo de Dios, deseaba causarle daños.

Por tanto dijo al rey, "debemos hacer algo respecto a esta gente que está contaminando su reino". El rey preguntó, "¿qué propones?". A lo que Amán respondió, "Si usted me lo permitiera, yo podría escribir un decreto, para que usted lo firmara con su anillo, y lo enviaremos a través del reino. El decreto contendrá la fecha en que toda esta gente será puesta a muerte". Esto es llamado una exterminación. Es una versión antigua de lo que los nazis hicieron durante la segunda guerra mundial. La idea de Amán era matar a los judíos que vivían en el imperio persa durante el mismo día. Una vez más, intencionalmente Amán pasó por alto mencionarle al rey que él estaba refiriéndose al pueblo judío, y el rey no lo sabía, —de todos modos, no hubiera hecho mucha diferencia para un monarca persa. Así que el decreto fue firmado y sellado con el sello del soberano, y comenzó a ser distribuido a través de todos territorios.

Cilicio y Ceniza

Entró un hombre con el nombre de Mardoqueo, primo de la reina Ester. Él era un judío que servía en la corte del rey Jerjes. Estaba involucrado en los negocios del rey, un hombre de buen carácter, un hombre a quien el rey respetaba ampliamente. Cuando Mardoqueo oyó lo que el maligno Amán había hecho, lo que implicaba que él y todos sus parientes serían puestos a muerte, fue al centro de la ciudad vestido en cilicio y ceniza. Allí comenzó a lamentar y a llorar.

Lo que Mardoqueo había hecho llegó a oídos de la reina Ester. Ella no había escuchado nada acerca de lo que Amán había tramado. Cuando escuchó que Mardoqueo estaba de luto, mandó un mensajero para averiguar qué era lo que había sucedido. Él le entregó al mensajero una copia del decreto y le dijo, "Regresa a la reina y dile que ella es la única que puede librarnos ahora. Si ella no actúa, todos moriremos".

No Entres, yo te Llamaré

Tomamos el siguiente relato de Ester 4:9-11

Hatac regresó y le informó a Ester lo que Mardoqueo había dicho. Entonces ella ordenó a Hatac que le dijera a Mardoqueo: "Todos los servidores del rey y el pueblo de las provincias del reino sabe que, para cualquier hombre o mujer que, sin ser invitado por el rey, se acerque a él en el patio interior, hay una sola ley: la pena de muerte. La única excepción es que el rey, extendiendo su cetro de oro, le perdone la vida. En cuanto a mí, hace ya treinta días que el rey no me ha pedido presentarme ante él".

Todos los monarcas del antiguo medio oriente eran unos absolutos déspotas. Nadie podía ir ante ellos sin una previa invitación. Si un hombre irrumpía para ver el rey, y el rey se sorprendía, y no deseaba verlo, sin mencionar palabra el hombre sería llevado fuera y puesto a muerte. Así que usted tendría que pensar muy bien, una y otra vez, antes de entrar para ver al rey. La única excepción fue, "que el rey, extendiendo su cetro de oro, le perdone la vida". En lo que ha Ester refería, ella dijo "en cuanto a mí, hace ya treinta días que el rey no me ha pedido presentarme ante él" (v. 11b). Es difícil para nosotros hoy en día entenderlo, pero debemos recordar que esta era una nación del antiguo medio oriente, –pese a que ella era la reina, aún así, era parte del harem. El rey no había visto a Ester por treinta días.

Considerando el Costo

Mardoqueo estaba diciendo, "Ester, tú tienes que salvarnos". Por otra parte, Ester estaba diciendo, "Mardoqueo, tú no entiendes lo que me estás pidiendo". Ella no estaba rechazando hacerlo, usted entiende. Ella no estaba diciendo, "No, no lo haré". Estaba simplemente diciendo, "antes de que me pidas esto, tienes que entender lo que esto implica. Si entro a la presencia del rey sin que él quiera verme, seré puesta a muerte a pesar de que soy la reina. Mardoqueo, piensa lo que me estás pidiendo que haga". Ella no estaba diciendo que no. Ester procedió como cualquier individuo razonable hubiera procedido. Estaba considerando el costo personal.

Eso es cierto acerca de casa situación a la cual somos llamado a involucrarnos. Cada vez que el teléfono suena, cada vez que hay una solicitud, cada vez que le presentan una gran situación, cada vez que el desafío es grande, usted tiene que considerar lo que involucra. *Antes de dar el primer paso mejor siéntese y considere el costo personal.* Ese es un principio bíblico que obedecer. Nadie comienza a construir un edificio sin antes haber considerado los costos de edificarlo. Jesús dijo, "Cualquiera que quiera ser mi discípulo tome su cruz, y sígame". Seguirle va a costarle algo (Lc. 14: 27-33).

Así que Ester estaba diciendo, "Mardoqueo, deseo ayudarte, pero tienes que entender lo siguiente: si prosigo adelante, estaré colocando mi vida en riesgo". Ella era la reina, tenía una buena vida, podía tener lo que quisiera, levantaba su mano y cincuenta sirvientes vendrían a ella, ella podía simplemente pronunciar una palabra y se lo darían. Cualquiera de las otras mujeres hubiera dado lo que fuera para estar en su lugar. Ella lo tenía todo, –riquezas materiales, fama, popularidad, adulación, la aprobación de sus amigos. Ahora Mardoqueo le estaba diciendo, "Ester, es tiempo de arriesgarlo todo".

Sin Escape

El mensajero regresó y le entregó a Mardoqueo el mensaje de Ester. La respuesta de Mardoqueo es el corazón del libro de Ester:

Mandó a decirle: "No te imagines que por estar en la casa del rey serás la única que escape con vida de entre todos lo judíos. Si ahora te quedas absolutamente callada, de otra parte vendrá el alivio y la liberación para los judíos, pero tú y la familia de tu padre perecerán. ¡Quién sabe si no has llegado al trono precisamente para un momento como éste!"

Él le solicitó tres cosas a ella: *la primer solicitud fue la de nivel más bajo.* Él dijo en esencia, "Ester, tú eres la reina, pero bajo todos los atuendos reales en ti palpita un corazón judío. Tú eres una persona del pueblo de Dios. No pienses que mediante el silencio evitarás tu propia persecución, porque no podrás. Una vez que la matanza comience, será dificilísimo detenerla. Una vez que las turbas comiencen a matar los judíos uno por uno, iniciarán por la gente común; pero Ester, también llegarán a tu puerta, y no se detendrán hasta haber acabado con *todos* los judíos, incluyéndote a ti y a tu familia. No pienses que debido a tu puesto o a tus privilegios, tú estas exenta de lo que sucederá. Simplemente porque eres la reina, no quiere decir que estarás por fuera de estos problemas. Quizá seas la última en morir, pero morirás".

Debemos aprender por medio de este pasaje que no existe un lugar seguro en este mundo, ni siquiera para los ricos y los poderosos. Luego del 9/11 nosotros debemos estar plenamente convencidos de este hecho. Las riquezas no nos libran de los problemas del mundo.

El Dios no Mencionado

Entonces dijo, "Si ahora te quedas absolutamente callada, de otra parte vendrá el alivio y la liberación para los judíos. Este es una de las afirmaciones más fascinantes de todo el Antiguo Testamento. Ciertamente, es la afirmación más maravillosa de todo el libro de Ester. De paso, permítame compartir con usted algunos detalles extras. ¿Sabía usted que el libro de Ester es el único libro en toda la Biblia en el cual no se menciona el nombre de Dios? Usted nunca encuentra las palabras Dios o Señor en el libro de Ester. Ese es uno de los motivos por los cuales algunas personas han concluido que no es importante, que no es inspirado, que no pertenece a la

Biblia, o que no es digno de ser estudiado en profundidad. Pero yo le voy a decir porqué el nombre de Dios no está allí. Es porque el libro de Ester es la historia del pueblo de Dios en una tierra extranjera. Es la historia del pueblo de Dios bajo la dominación extranjera. Es una historia real que sirve como una suerte de parábola que enseña una lección acerca de cómo Dios trabaja mediante circunstancias, aparentemente desconectadas, para librar a su pueblo aún cuando ellos están bajo la dominación de los impíos. Ese es el motivo por el cual el nombre nunca aparece. Ester creía en Dios, como también Mardoqueo y todos los demás judíos. No obstante el nombre de Dios no es mencionado puesto que es una lección acerca de la providencia y del poder libertador.

Así que Mardoqueo estaba diciendo, "si tu no nos ayudas, Dios es suficiente para extendernos ayuda de otra manera –pero tu misma serás destruida". Entonces dijo, "¡Quién sabe si no has llegado al trono precisamente para un momento como éste!" Considere estas palabras por un instante. "Ester, no te olvides de dónde vienes. Hubo un tiempo cuando tu estabas en fila junto a las otras mujeres del harem, comías en la misma mesa con ellas, te vestías como ellas. Actuabas como ellas y nadie sabía que tu eras judía. Ester, ¿qué hizo que el rey te escogiera? ¿Piensas que fue simplemente tu buen parecer? Todas eran bonitas. ¿Piensas que fue sólo tu sonrisa? Todas podían sonreír. ¿Piensas que fue sólo la forma en que le coqueteabas? Todas ellas podían coquetear".

El mensaje de Mardoqueo fue claro como el agua: "Ester, tú eres la reina. Tú lo tienes todo. Tú estás en la cima. Tú tienes privilegios más allá de cualquiera en todo el reino. ¿Piensas que eso sucedió por casualidad? ¿Piensas que fue coincidencia? Ester, la razón por la cual estás en la cima es porque Dios te puso ahí. ¿Sabes porqué Dios te puso ahí? Dios te colocó ahí para que en estos momentos cruciales de la historia tu puedas hablar y liberar a tu pueblo. Todo aquel entrenamiento y todo por lo que has pasado sucedió para que ser el instrumento que Dios usará para librar a su gente".

Si Perezco, que Perezca.

Que tipo de historia es esta, que manera de ver las circunstancias de la vida. Qué manera de entender la obra de Dios. Ester "¡quién sabe si no has llegado al trono precisamente para un momento como éste!" ¿No será que tu has llegado a este lugar, precisamente para este momento en la historia? Todo lo que ha pasado en tu vida ha sido una preparación para este momento".

Encontramos la respuesta de Ester en 4:15-16.

Ve y reúne a todos los judíos que están en Susa, para que ayunen por mí. Durante tres días no coman ni beban, ni de día ni de noche. Yo, por mi parte, ayunaré con mis doncellas al igual que ustedes. Cuando cumpla con esto, me presentaré ante el rey, por más que vaya en contra de la ley. ¡Y si perezco, que perezca!

¿Entiende este principio? La gran solicitud de Mardoqueo estaba basada en una gran verdad: *Cuando mayor el privilegio, mayor la responsabilidad.* Cuando más se tiene mayor es de lo que se tiene que rendir cuentas. Cuanto más cosas Dios le ha dado, es mayor la responsabilidad de usarlas para su reino.

¿Qué nos enseña esta antigua historia acerca de sobreponernos a nuestros temores del porvenir? Por un lado, aprendimos que *no hay seguridad en el mundo.* Cosas malas les suceden a buenas personas todo el tiempo. Una veces parecen ser tragedias al azar, otras, que personas malas conspiran en nuestra contra. También aprendimos que *no hay coincidencias en la vida.* Usted está donde usted está porque Dios ha querido que así sea. Probablemente usted no es la reina de una corte lejana, pero más allá de lo que usted sea actualmente, la mano de Dios le ha colocado ahí. *Su llamado más elevado es utilizar su posición para apoyar la causa de Cristo en el mundo.*

Al final, debemos hacer lo que hizo Ester, –ayunar, orar y buscar al Señor para que cuando el tiempo llegue, podamos hacer lo correcto, lo más duro, la elección más dura que yace en el camino de la obediencia a Dios, dejándole los resultados a Él. Ese es el verdadero significado de, "si perezco, que perezca". Estas son palabras solemnes pronunciadas por una mujer que había puesto su vida en las manos de Dios. Al pensar sobre su coraje, el Señor puso esto en mi corazón: *no hay nadie tan libre como una persona que no teme morir.* Si usted no teme a la muerte, entonces usted está libre para Servir al Señor y hacer cualquier cosa que Él le llama a realizar.

Pase unos minutos con una mujer de la congregación que pastoreo. Ella está muriendo de cáncer, y cuando le pregunté si amaba a Jesús, me respondió, "Sí lo hago". Me habían dicho que tal vez aquel era el último domingo que ella podría asistir a la iglesia. El calvario por el cual estaba pasando se dejaba ver en las marcas de su rostro. Mientras hablábamos, tomé conciencia que después de tanto ella estaría en los cielos, en tan solo algunos días más. "Yo no sé mucho acerca de la muerte", le dije. "Pero sé esto, –cuando llegue el tiempo de cerrar los ojos en esta tierra, en próximo instante los abrirá en los cielos. Y cuando exhale su último aliento aquí, su siguiente respiración será del aire de los cielos. No tema cuando este momento llegue. El Señor mismo vendrá a recibirle. Los ángeles de Dios le escoltarán hasta su nuevo hogar".

Entonces le recité las conocidas palabras del apóstol Pablo: "para mí el vivir es Cristo, y el morir es ganancia" (Fil. 1:21). Estar ausente al cuerpo es estar presente al Señor (2 Co. 5:8). Le recordé las palabras de Jesús al ladrón moribundo: "te aseguro que hoy estarás conmigo en el paraíso" (Lc. 23:43). Le dije a mi amiga, "usted va al cielo y allí verá a Jesús cara a cara". Finalmente le recordé las promesas del mismo Jesús hallada en Juan 14: 2-3: "En el hogar de mi Padre hay muchas viviendas; si no fuera así, ya se lo habría dicho a ustedes. Voy a prepararles un lugar. Y si me voy y se lo preparo, vendré para llevármelos conmigo".

Cuando acabé, una lágrima rogaba por su mejilla. Entonces ella hizo algo que me sorprendió. Pese a que estaba muy débil y frágil, se levantó de la banca, y aproximándose, envolvió sus delgados brazos alrededor de mi cuello. Le dije, "no se preocupe acerca de nada. Usted conoce al Señor y va a estar bien". Firmemente creo lo que le dije. La gente de Dios muere bien. Si usted conoce al Señor, no tiene que temerle. Cuando no le teme a la muerte, usted es realmente libre y el diablo ha perdido su arma más poderosa en su contra.

Cuatro Verdades para el Futuro

Mientras miramos hacia el futuro, aquí hay cuatro verdades que deberían animarnos:

- 1. Dios ya está allí, porqué Él es el Dios que va delante de su pueblo.
- 2. Dios le ha prometido estar a su lado no importa lo que pase.

- 3. Si usted conoce al Señor, la peor cosa que pudiera sucederle es que vaya al cielo, que a la vez, es la mejor cosa que pudiera sucederle.
- 4. Usted tendrá todo el tiempo que necesite para hacer lo que Dios quiere que haga.

De alguna manera, el último punto es el mejor ya que muchos de nosotros con frecuencia nos sentimos algo apurados, apresurados. Nos sentimos que estamos atrasados antes de que el juego comience. *No importa lo que pase en los días venideros, descanse que de seguro tendrá todo el tiempo, toda la fuerza, y toda la sabiduría que necesite para hacer cualesquiera cosas que Dios quiera que usted haga.* El principio no debe ser reducido al significado de que usted tiene la garantía de que logrará todas sus metas ni que todo lo que ha soñada se hará realidad. Todavía vivimos en un mundo caído donde las cosas se rompen y otras difícilmente funcionan de forma correcta. Pero a pesar de las limitaciones, podemos tener la confianza de que Dios suplirá todo lo que realmente necesitamos, por lo que podemos hacer su voluntad.

Nadie pude decir con certeza lo que nos traerá el futuro. Nadie podría decir que estará aquí dentro de doce meses (ni siquiera doce minutos) a partir de ahora. Pero esto tampoco debe alarmarnos de manera alguna. A todos nuestros miedos el Señor les dice simplemente, "no temas".

- ¿Se pondrán peores las cosas? "No temas".
- ¿Perderé mi salud? "No temas".
- ¿Contraeré cáncer? "No temas".
- ¿Conservaré mi trabajo? "No temas".
- ¿Sufrirán mis seres amados? "No temas".
- ¿Me quedaré sin dinero este año? "No temas".
- ¿La tragedia golpeará mi familia? "No temas".
- ¿Me desilusionarán mis hijos? "No temas".
- ¿Ridiculizarán otros mi fe? "No temas".
- ¿Llegarán mis planes a ser nada? "No temas".
- ¿Se tornarán ceniza mis sueños? "No temas".
- ¿Encararé la muerte este año? "No temas".

Cualquiera de esas cosas pudiera sucedernos, de hecho, alguna de ellas están destinadas a sucedernos eventualmente. Pero la palabra del Señor permanece. "No temas". El mismo Señor está junto a nosotros hoy, y Él estará con nosotros mañana. Deberíamos ser optimistas. Tenemos un gran futuro porque tenemos un gran Dios. Írgase, hijo de Dios. Coloque sus hombros hacia atrás. Coloque una sonrisa en su rostro. Tome sus problemas, envuélvalos, y déselos al Señor. Tendremos nuestra parte de dificultades, pero por sobre todas ellas, se destaca la promesa de Dios: "Nunca te abandonaré ni te dejaré" (He. 13:5).

Una navidad de 1939, el rey George VI de Inglaterra dio un breve discurso radial a su atribulada nación. Inglaterra ya estaba en guerra con Alemania. Pronto toda Europa estaría hundida en el brutal horror de una incontrolable guerra. Con la esperanza de calmar los corazones apesadumbrados de sus compatriotas, el rey dio palabras de aliento mientras las nubes de la tormenta se acumulaban. Culminó citando a un poeta, por aquel entonces desconocido, Minnie Louise Haskins, "The Gate of Year" [El portón del año]. Desde entonces ha sido conocido alrededor del mundo:

> Le dije al hombre que estaba parado junto al portón del año: "¡Dame una luz, y pisaré con seguridad hacia lo desconocido;" Él respondió: "Ve dentro de las tinieblas y pon tu mano en la mano de Dios. Eso será mejor para ti que la luz y más seguro que el camino desconocido".

Que palabra tremenda para nuestros días. Nadie sino Dios sabe lo que nos depara el futuro. Hagamos lo que sugiere el poeta y coloquemos nuestras manos en la mano del Dios Altísimo. Vayamos hacia el incierto futuro con confianza, sabiendo que si Dios va con nosotros, no tenemos por que temer al futuro. Caminar con el Señor es el mayor de los gozos, y definitivamente es más seguro que el camino desconocido.

Preguntas para el Estudio Personal o de Grupo

1. Tome un periódico y lea los encabezados. ¿Qué sugieren respectos a la situación presente del mundo?
2. Ester es el único libro bíblico que no menciona el nombre de

Dios. De todos modos, es una clara historia acerca del cuidado de Dios por su pueblo. Al pensar sobre esta historia, ¿en qué cosas ve la mano de Dios obrando?

3. Lea Ester 4:12-33. ¿De qué manera apeló Mardoqueo a Ester? ¿Cuál fue su respuesta?

4. ¿Teme usted morir? ¿Por qué sí o por qué no?

5. Lea Lucas 1425-33. ¿Qué cuesta ser discípulos de Jesús? ¿Por qué es importante considerar el costo antes de hacer un compromiso?

6. "Su mayor llamado es usar su posición en la vida para apoyar la causa de Cristo es este mundo". ¿De qué manera lo está haciendo ahora?

PROFUNDIZANDO

Tome un papel y escriba sus tres mayores temores o preocupaciones. Bajo esas preocupaciones, escriba las palabras de 1 Pedro 5:7: "Depositen en él toda ansiedad, porque él cuida de ustedes". Como un acto de fe, tome su lista y colóquela en una caja o bolsa, y bótela en la basura. Dígale al Señor que usted quiere poner sus ansiedades en sus manos.

T st TT st T

Cm C# (D#) F E D

Am A# (C) D D# F

Agace tu voluntad e
Dificil Oracion xq' ?
① Por q' se pierde el control de
su vida.

② xq' dudamos q' Dios quiera lo
mejor para nosotros.

③ Porq' la voluntad de Dios en algunas
ocaciones involucra sufrimiento y
dolor.

④ "Hagase tu voluntad es dificil de
orar xq' es una oracion del
status quo.